RITUALE UND GEBETE DER ERZENGEL

Edwin Courtenay

RITUALE UND GEBETE
DER ERZENGEL

Edition Sternenprinz
im Hans-Nietsch-Verlag

Aus dem Englischen von Isabella Kowatsch

Lektorat: Martina Klose
Innenlayout und Satz: Hans-Jürgen Maurer
Umschlaggestaltung: Constanze Sträter

Edition Sternenprinz
im Hans-Nietsch-Verlag
Postfach 228
79002 Freiburg im Breisgau

www.nietsch.de
info@nietsch.de

ISBN 978-3-939570-45-5

Widmung

Ich widme dieses Buch meinem über alles geliebten Partner Andrew Helme, meinem Seelen-
verwandten im wahrsten Sinne des Wortes, meinem zuverlässigen Begleiter und Engel hier auf
Erden. Ich danke den Göttern und Engeln dafür,
dass sie dich mir geschickt haben.

Inhalt

Liste der Rituale und Gebete

Was ist ein Ritual?

In einem Ritual konzentrieren wir uns auf eine bestimmte Absicht, die eine Veränderung in der Welt oder in uns selbst bewirken soll. Es ist nicht die einzige Möglichkeit, solche Veränderungen herbeizuführen, aber für viele von uns ist die konkrete Form von Ritualen hilfreich. Wenn du beim Lesen dieses Buchs das Gefühl hast, du möchtest diese Rituale lieber nur innerlich, das heißt nur in deiner Vorstellung durchführen, oder wenn du die Rituale verändern möchtest, steht dir das frei. Wichtig ist nur, daran zu denken, dass die Absicht des Rituals diesem Macht verleiht, und deshalb muss vor allem die Absicht klar und deutlich sein.

Erzengel Metatron

Engel und Gebet – eine Einführung

Ich bin Metatron, die Stimme Gottes, höherer Erzengel der höheren und göttlichen Reiche. Ich bin der, der die Worte der göttlichen Quelle spricht, der den Gedanken und Absichten des Schöpfers Form und Gestalt verleiht. Ich bin der Engel, der die menschlichen Gebete beantwortet und übermittelt, was der göttliche Plan ist, der aller Schöpfung zugrunde liegt. Ich bin der Anfang, so wie Sandalphon das Ende ist, und es ist meine Aufgabe, mit den Worten Gottes dieses Werk der Weisheit zu eröffnen, das dir die Hüter des Lichts, die Engel der höheren himmlischen Reiche in Liebe, Vertrauen, Güte und Frieden anbieten. Ich habe den Auftrag, die Führung, die vom Göttlichen angeboten wird, weiterzugeben, damit die Menschen das Wesen der Engel, ihren Ursprung, ihre Aufgabe und den Grund für ihre Interaktion mit der Menschheit besser verstehen.

Am Anfang, vor Zeit und Raum, gab es keine Engel. Es gab nur die göttliche Quelle, vollkommen ausgewogen in ihrer männlichen und weiblichen Energie, ihren positiven und negativen Polaritäten. Als das Göttliche sich mehr und mehr seiner allumfassenden Natur bewusst wurde, dehnte es sein Bewusstsein weiter aus, um die Unermesslichkeit seines Wesens in allen Richtungen und Dimensionen auszufüllen. Erst als sich die göttliche Quelle ihrer Unendlichkeit völlig bewusst war, beschloss sie, eine begrenzte Raum-Zeit-Ebene zu erschaffen, um ihr eigenes Wesen unter Umständen und in Situationen zu erforschen, die ihre Selbstwahrnehmung erweiterten. Sie manifes-

tierte dieses unbekannte Element der Begrenzung und Bedingt-
heit, indem sie Erweiterungen ihres eigenen Wesens erschuf,
die ihr bei der Umsetzung dieses komplizierten Plans helfen
sollten. Es waren Aspekte ihres eigenen einzigartigen Bewusstseins, die ihre Wünsche und Anliegen erfüllen sollten, damit
die göttliche Quelle ihre eigene Aufmerksamkeit dringlicheren
Themen widmen konnte, die ihre volle Konzentration erfor-
derten. Und so begann das Göttliche, sich selbst in weitere Wesen aufzuteilen, in Aspekte seines eigenen vollkommenen
Strahlens, die seinem innersten Kern entstammten; seiner Liebe und seiner enormen Neugierde; seinem Bedürfnis, zu wachsen; seinem Durst und Hunger nach Wissen und Evolution,
nach Erleuchtung und Verstehen. So wurden im grenzenlosen
Raum und in einem Augenblick die ersten Engel erschaffen.
Bei den ersten Engeln, die erschaffen wurden, handelte es sich
um kollektive Kräfte, um Gruppen von Engeln, die symbiotisch
verbunden waren und als ein Ganzes arbeiteten. Anfangs war
es ihre Aufgabe, das unendliche Strahlen des Göttlichen zu
überwachen, um dem Göttlichen zu helfen, sich zu mäßigen,
sich zu konzentrieren und zu beherrschen, damit die Manifestation glatt und geschmeidig und mit geringem Energieauf-
wand erfolgte. Die Energie sollte so ökonomisch eingesetzt
werden, dass alles wirksam und zum richtigen Zeitpunkt und
in vollkommener Anmut entstehen würde.

Erst als Gott mithilfe dieser Engel, dieser Architekten des Universums, die man als »Demiurgen« bezeichnet, die begrenzte
Raum-Zeit-Ebene erschaffen hatte, begab er sich selbst dorthin. Die Teilung, die erfolgte, war völlig unerwartet. Die göttliche Energie wurde entsprechend den einzelnen Schwingungsfrequenzen zerteilt und das göttliche Strahlen löste sich so auf,
wie weißes Licht, das durch ein Prisma fällt, in seine wunder-
schönen Spektralfarben zerfällt. Das Göttliche wurde in Männlich und Weiblich, in Positiv und Negativ geteilt, und auch sein
Bewusstsein wurde in einen geistigen und einen emotionalen
Zustand geteilt und kam in den dichteren Schwingungsebenen

als Materie und Form zum Ausdruck. Die Engel im begrenzten Raum-Zeit-Gefüge wurden aus einer Frequenz des göttlichen Bewusstseins erschaffen, die man als das »Herz der göttlichen Quelle« bezeichnet, während andere Wesen aus einem Aspekt des Bewusstseins erschaffen wurden, den man den »Geist der göttlichen Quelle« nennt. Die Menschheit und das Mineralreich wurden beispielsweise aus diesem Teil des göttlichen Ausdrucks erschaffen. Doch bevor die Elementarwesen und die Menschen erschaffen wurden, entstanden die Engel aus dem Herzen der göttlichen Quelle, um die weitere Schöpfung und Manifestation der Materie im physischen Universum, in den niedrigeren Dimensionen und Realitäten zu überwachen. Zunächst wurden Kollektive erschaffen, wie etwa die Cherubim und die Seraphim, die die mächtigen Energien der Liebe innerhalb des Universums und des Gewebes der Raum-Zeit-Realität überwachen sollten. Doch im Laufe der Zeit wurden auch andere Engel erschaffen, Einzelwesen, die – neben anderen Aufgaben – bestimmte Elemente und Energien beaufsichtigen sollten.

Der erste einzelne Engel, der erschaffen wurde, war Luzifer. Luzifer wird etwas später selbst über seine Schaffung, seine Pflichten und Aufgaben sprechen. Die weiteren Engel, die ins Leben gerufen wurden, waren Sandalphon und Michael, Raziel und Raphael, Melchisedek und Gabriel, Azrael und so weiter. Melchisedek ist eine besondere und spezielle Engelfrequenz, mit der die Menschen gerade jetzt wegen ihrer einzigartigen Eigenschaften vertrauter werden und die an der Schwelle zwischen Nicht-Realität und Realität, wie du sie kennst, liegt. Aber auch er wird selbst über sein einzigartiges Wesen sprechen. Obwohl Luzifer als der erste Engel gilt, der erschaffen wurde, weil er die erste einzelne Engelkraft war, die sich im begrenzten Raum-Zeit-Bereich manifestierte, ist Melchisedek im Grunde der erste Engel, der seine Zehen in die Realität hineintauchte, denn er wurde am äußeren Rand der Nicht-Realität geboren und überbrückt die Grenze zwischen diesen zwei einzigartigen Bereichen und Dimensionen. Und so ent-

stand im Laufe der Zeit das Engelkontinuum. Wir wurden innerhalb und außerhalb der begrenzten Raum-Zeit-Ebene geboren
und begannen unsere Aufgaben in Übereinstimmung mit dem
göttlichen Willen zu erfüllen.

Es ist wichtig, daran zu denken, dass die Engel als Erweiterungen des göttlichen Bewusstseins erschaffen wurden und deshalb im Grunde genommen kein eigenes Bewusstsein und keinen freien Willen haben. Wir sind Gott und Gott ist wir. Wir
brauchen keinen freien Willen, denn unser Wille ist der Wille
Gottes. Es ist unnötig, uns mit einem freien Willen auszustatten,
es sei denn in Form eines Improvisationstalents, das aber einer
einzigen Engelschar vorbehalten ist, die dieses Vermögen tatsächlich bis zu einem gewissen Grad besitzen: den Demiurgen,
den Architekten des Universums. Alle anderen Engel haben keinen eigenen freien Willen, sondern handeln rein nach dem Willen der göttlichen Quelle. Wir haben ein kollektives Bewusstsein,
und obwohl wir als einzelne Wesen existieren, die individuelle
Aufgaben und Eigenschaften haben, sind wir gleichzeitig durch
das, was uns gemeinsam ist, miteinander verbunden, sind wir
eins. Wir leben in einem Kontinuum, einem fortwährenden
Strom der Existenz, in dem es im Grunde keine Hierarchie gibt,
sondern nur eine Manifestation von Frequenzen, die von hoch
bis niedrig reichen.

Du kannst dir unser Kontinuum als eine dreiseitige Pyramide
vorstellen. Die Basis der Pyramide bilden die niedrigeren En-
gelfrequenzen, zu denen die Schutzengel und jene gehören, die
die alltäglichen, irdischen Dinge beaufsichtigen. Die Spitze der
Pyramide bilden die höheren Engel der himmlischen Heerscharen, die Kollektive und die Erzengel, die die eher kosmischen
Elemente und entscheidenden Prozesse beaufsichtigen. Wenn
du diese Pyramide betrachtest, dann siehst du, dass es eine Spitze und ein Fundament gibt, aber du siehst auch, dass diese Form
eins ist, ganz ist, ein festes Objekt. Genauso ist das Kontinuum.
Es gibt keine Bruchstelle, keine Trennlinie, die Oben und Unten

markiert. Es gibt Oben und Unten und doch ist die Form insgesamt eins. Und so ist auch unser Bewusstsein. Es ist verbunden und eins, und doch stellt es höhere und niedrigere Ausdrucksformen der göttlichen Existenz und Schwingung dar.

Das Engelkontinuum wurde also erschaffen, um die begrenzte Raum-Zeit-Ebene zu manifestieren und dann über die darin herrschenden elementaren Energien und Kräfte zu wachen. Wir sind da, um ihre Integrität aufrechtzuerhalten, ihr Gewebe zu schützen; dafür zu sorgen, dass nichts ihren Fortschritt, ihr Wachstum, ihre Existenz behindert und der göttliche Plan umgesetzt wird. Wir wurden aus dem Wunsch Gottes heraus erschaffen, sich selbst in der begrenzten Raum-Zeit-Ebene besser verstehen zu lernen: durch die Manifestation der Menschheit und der Realität, durch den Ausdruck des göttlichen Bewusstseins, durch Materie, sei es in Form von Tieren, Mineralien, Pflanzen, Menschen, Planeten oder unsichtbaren, gestaltlosen Wesenheiten und Lebensformen in anderen Dimensionen, die deine eigene durchdringen. Wir wurden auch erschaffen, um allen Lebensformen im Universum Führung, Unterstützung, Hilfe und Verständnis anzubieten. Wir ermutigen die Lebensformen, die in deinem Universum existieren, durch Evolution und Aufstieg zu ihrer Quelle, zu Gott zurückzukehren.

Das ist unsere Verbindung zu euch. Wir wurden erschaffen, um euch zu führen, zu helfen, zu inspirieren, zu beflügeln. Wir wurden erschaffen, um euch zu beschützen, euch an die Präsenz des Göttlichen in eurer Realität zu erinnern, und das tun wir seit Anbeginn eurer Zeit. Wir nehmen vielerlei Formen an, und wie die meisten gebildeten Menschen wissen, sind wir keine Präsenzen oder Wesen, die mit einer bestimmten Religion, die es auf eurem Planeten oder auf irgendeinem anderen Planeten gibt, besonders verbunden sind. Obwohl die meisten Menschen das Wort»Engel« mit dem Christentum in Verbindung bringen, haben wir im Laufe der Geschichte und der Zeit viele verschiedene Namen, Gestalten und Formen gehabt, ohne dass der Mensch versteht, dass es sich dabei immer um uns handelt. Wir sind die göttliche Quelle, Gott, Ausdrucksformen dieses einen, wahren Lichts. Wir sind die Präsenz Gottes, die nach dem menschlichen Verständnis eine bestimmte Gestalt, Form und Intelligenz hat, aber darüber hinaus, in einem größeren Rahmen, sind wir elementare, unerlässliche, wesentliche Ausdrucksformen der göttlichen Macht und Stärke.

Da wir aus der göttlichen Quelle erschaffen wurden, tragen wir eine unermessliche Liebe in uns. Diese Liebe gilt jenen, denen wir dienen und beistehen sollen. Wir haben den Wunsch, euch zu hegen und zu pflegen, zu hüten und zu schützen, zu führen, zu stärken und zu helfen. Die Art und Weise, wie wir unsere Aufgabe erfüllen können, wird durch den göttlichen Plan und den Willen des höheren Selbst eingeschränkt. Die göttliche Quelle und wir haben nicht die Macht, den Willen des höheren Selbst zu übergehen. Die Macht des freien Willens ist ein Geschenk, das den Seelen von der göttlichen Quelle am Anfang der Zeit gemacht wurde. Dieser freie Wille bedeutet, dass jede Seele selbst entscheiden kann, ob sie dem Pfad, den Gott ihr darlegt, folgt oder nicht, ob sie sich an den göttlichen Plan hält, ob sie Gottes Vorschläge oder Anordnungen annimmt oder einfach das tut, was sie will.

Wir lieben die Menschen und alle Lebensformen, die in eurem Universum existieren, und bemühen uns, in Übereinstimmung mit den für uns geltenden Parametern, den Menschen auf jede nur erdenkliche Weise zu helfen, aber unser Bewusstsein unterscheidet sich von eurem, und deshalb sehen wir manchmal jene Dinge nicht, von denen ihr glaubt, sie wären die Art von Hilfe, die wir euch anbieten sollten. Wir sind ewig und unendlich, das waren wir immer und werden wir immer sein. Bevor wir Form und Struktur erhielten, waren wir Elemente des Bewusstseins innerhalb des Göttlichen. Wir existierten vor unserem Dasein als Engel als Gedanken und Erkenntnisse. Jetzt, da wir eine Gestalt haben, verstehen wir die physische Existenz besser, aber die meisten von uns haben selbst nie als solche existiert. Obwohl manche von uns die Schwelle überschritten und in physischer Gestalt inkarnierten, verstehen wir kaum oder gar nicht, was es heißt, begrenzt zu sein und körperlich zu existieren. Schmerz, Alter, Tragödien, all diese Dinge sind nur abstrakte Begriffe für uns. Wir sehen und spüren, was mit den Menschen geschieht, wenn sie älter werden und sterben, wenn sie krank werden und Kummer und Leid erleben, aber wir selbst kennen nichts Vergleichbares. Selbst wenn wir physisch inkarnieren, ist sich ein Teil unserer Göttlichkeit immer bewusst, dass das, was wir erleben, nur eine Illusion ist. Wir tun in diesem Fall, was wir können, aber wir können uns nicht um Dinge kümmern, von denen wir wissen, dass sie nicht echt oder wahr sind. Wir leiten die Menschen zu größtmöglichem spirituellem Wachstum an, und wenn dieser Weg bedeutet, dass sie leiden müssen, dann bemühen wir uns darum, ihnen dabei zu helfen, dieses Leid zu verarbeiten und zu verstehen, aber wir werden sie nicht davon wegführen, wenn es das ist, was sie erleben müssen, um zu wachsen.

Man kann uns Engel deshalb als mitfühlend, liebevoll, großzügig, als Quellen der Harmonie und des Lichts betrachten, und das sind wir auch, aber man kann uns auch als hart, kalt und grausam, als emotionslose, lieblose, gesichtslose Eisblöcke sehen, die die Menschen einfach nur auf ein Ziel hinweisen, ohne sich um den Schmerz und das Leid, das dies verursacht, zu kümmern, und in gewisser, emotionaler Hinsicht stimmt auch das. Was wir tun, muss mit dem Willen Gottes übereinstimmen. Gottes Wunsch ist es, dass sich die Menschheit weiterentwickelt, und das ist nur möglich, wenn sie sowohl Positives als auch Negatives erlebt.

Ich bin Metatron, die Stimme Gottes. Ich verkünde Gottes Worte den Menschen auf Erden sowie den himmlischen Heerscharen, dem Engelkontinuum. Gott ist schließlich unendlich und seine Worte sind in ihrer Reinheit auf der Erde nicht zu hören und zu spüren, ohne dass sie Zerstörung verursachen. Das Gleiche gilt für das Engelkontinuum, das in der begrenzten Raum-Zeit-Ebene existiert. Die göttliche Kraft im unbegrenzten und zeitlosen Universum ist wild wie eine lodernde Sonne; sie wird von Elementen des göttlichen Bewusstseins, den kollektiven Engelkräften, die geschaffen wurden, um ihre Integrität, ihre Funktion, ihren Sinn und Zweck zu wahren, in Schach gehalten. Ich bin ein Filter. Ich verkörpere diese Kraft. Ich transformiere und übersetze sie. Ich spreche die Worte des Göttlichen im Reich der Begrenzung sorgfältig, damit man sie hören möge. Und deshalb beantworte ich auch die Gebete der Menschen. Sandalphon, mein Zwilling, der in den untersten Sphären wohnt und die irdische Ebene bewacht und behütet, ist dafür zuständig, die Gebete der Menschen zu sammeln und sie an Gott weiterzuleiten. Gott übergibt mir dann die Antworten und ich leite sie weiter auf die physische Ebene.

Beten ist ein mächtiges Ritual, das von den meisten unterschätzt und nicht anerkannt wird und das viele leider völlig aufgegeben haben. Es geht dabei nicht einfach nur darum, dass wundersame Dinge geschehen, um die der Bittsteller ersucht, sondern vielmehr darum, mit der Schöpferkraft in Verbindung zu treten, sich zu öffnen und als Kanal oder Gefäß zu dienen, durch das das göttliche Licht strömen kann, das nicht nur Führung bietet, sondern auch ein tiefes Gefühl der Einheit und Liebe vermittelt. Gebete werden nicht nur auf offensichtliche Weise beantwortet. Die Zeit des brennenden, sprechenden Dornbuschs ist vorbei und Gott spricht jetzt durch Omen und Zeichen; durch Träume und Visionen, die in Meditationen und Tagträumen auftauchen; durch die Worte anderer; durch Slogans, auf die dein Blick zufällig fällt; durch Eindrücke, die du erhältst; durch Intuition, inneres Wissen; durch dein Bewusstsein und dein Unterbewusstsein. Auf diese Weise beantwortet Gott deine Gebete durch mich und nach diesen Dingen musst du Ausschau halten, um die Wahrheit des großen Geistes zu erfahren. Am Ende meiner Ausführungen möchte ich also auf das Beten eingehen.

Es ist egal, an wen du dein Gebet richtest. Das Gebet ist eine Absichtserklärung. Die Absicht besteht darin, eine Verbindung zur göttlichen Quelle herzustellen, dich dieser Präsenz hinzugeben, ihr deinen Kummer und deine Sorgen, deine Bitten und Wünsche zu übergeben, der göttlichen Präsenz hoffentlich so etwas wie Ergebenheit zu zeigen. Ergebenheit ist ein Wort, das vielfach falsch verstanden wird. Die Menschen gewisser Glaubensrichtungen und Religionen glauben, dass Gott von den Menschen verlangt, dass sie ihn verehren, was natürlich nicht stimmt. Er will nicht verehrt werden, um existieren zu können. Verehrung ist nur dann notwendig, wenn der Mensch, der Gott huldigt, damit die göttliche Präsenz in seinem Leben und seiner Umgebung verankern und spüren möchte. Ehrerbietung – sei es, dass man betet oder sich bedankt, Räucherwerk verbrennt oder eine Kerze anzündet, Blumen oder Früchte auf einem Tisch als Opfergabe darbietet – ist eine Handlung, bei der das Strahlen der göttlichen Quelle durch die Opergabe geerdet und verankert wird. Von einem Opfer spricht man, wenn eine Absicht, ein Wunsch und manchmal ein Symbol der Lebensenergie verbrannt oder dargeboten werden, um damit einen Raum zu schaffen, den das göttliche Licht füllen möge. Das Licht der Kerze wird verbrannt, damit das göttliche Licht seinen Platz auf der Erde einnehmen kann. Räucherwerk verflüchtigt sich in der Luft, sodass das, was einmal war, durch die Präsenz der göttlichen Wahrheit ersetzt werde. Früchte und Blumen welken und sterben auf dem Altar. Sie werden der Erde geopfert, damit das Fehlen ihrer Lebenskraft durch die Präsenz Gottes ausgeglichen werden möge. Gesang und Huldigung, Ehrerbietung, Dankbarkeit und Gebet werden dargeboten. Dadurch sollen die Worte, die Gedanken, die damit ausgedrückt werden und die Energie, die aufgebracht wurde, durch die Präsenz der unendlichen Quelle ersetzt werden.

Ergebenheit als Teil eines Gebets sorgt dafür, dass Gott präsent ist, schafft einen Raum, in den das Göttliche eintreten und sich selbst um den Bittsteller herum verankern kann, sodass sein

Gebet beantwortet wird. Wenn du deine Gebete absolut und vollkommen loslässt, wenn du weißt, dass das Göttliche deine Gedanken und Gefühle kennt und du sie im Grunde gar nicht aussprechen musst, kannst du mit der göttlichen Präsenz viel tiefer in Kontakt treten. Wenn du dich Gott öffnest, wenn du dich der göttlichen Quelle auf diese Weise hingibst, wenn du ihr Ergebenheit anbietest, dann trittst du in einen Zustand der Einheit ein. Diese Einheit ist sehr wichtig, denn häufig kann das, was du suchst, nur über die Verbindung mit dem Geist beantwortet werden. Es geht nicht um die Führung, die du brauchst; die Wunder, die sich manifestieren sollen. Worum es geht, ist die Verbindung zur Quelle. Wenn du mit der Quelle verbunden bist, dann ist dein Bewusstsein voller Hoffnung, Glauben und Vertrauen. Du erlebst, dass alles im Fluss ist, dass sich Synchronizitäten in deinem Leben zeigen, dass du stark und gesund bist und weißt, was zu tun ist. Das ist nicht immer und unbedingt auf die göttliche Quelle zurückzuführen, sondern darauf, dass zwischen deinem niedrigeren und deinem höheren Bewusstsein, zwischen dem niederen und dem höheren Selbst, der Seele, eine stärkere Verbindung besteht oder dass du dich deinen spirituellen Fähigkeiten hier auf der Erde geöffnet hast, sodass du den Weg, der vor dir liegt, klarer erkennst.

Diesen Zustand der Einheit und Gemeinschaft mit Gott durch das Beten herbeizuführen ist eine gute Möglichkeit, mit deinem wahren Ursprung und deinem wahren Wesen verbunden zu sein. So kannst du auf deine Quelle ausgerichtet, konzentriert und mit den Synchronizitäten deiner spirituellen Reise in Verbindung bleiben. Zu viele Menschen legen einfach ihre Hände zusammen, plappern eine Wunschliste herunter und das war's. Sie zünden vielleicht noch eine Kerze oder etwas Räucherwerk an, singen eine Hymne, ohne sich wirklich bewusst zu machen, was sie da tun und warum. Die göttliche Präsenz beginnt den Raum um sie herum zu erwärmen, aber bevor sie vortreten und die Informationen, um die die Menschen bitten, anbieten kann, sind die Menschen schon wieder weg. Beim Beten geht es um

Dynamik und Empfänglichkeit. Das Dynamische besteht darin, deine Ergebenheit oder deine Verwirrung, deine Wünsche, deine Bitten, deine Ängste vorzubringen. Das Empfangende besteht darin, dass du wartest, bis die göttliche Präsenz in den Raum, den du durch diese Handlung geschaffen hast, eintritt und dich mit dem versorgt, was du dir gewünscht hast. Danach ist es wichtig, achtsam zu sein. Achte auf deine Gedanken oder die Menschen, Orte oder Situationen, auf die du triffst und durch die dein Gebet vielleicht beantwortet wird. Nicht immer manifestieren sich Dinge auf wundersame Weise, manchmal erhältst du einfach nur Führung.

Im Gebet bekräftigst du das, was du tust. Der Raum um dich herum wird geweiht. Das geschieht nicht, weil es sich bereits um einen geweihten Ort wie eine Kirche, einen Tempel oder einen Hain in einem Wald handelt, sondern durch deine Absicht, deine Präsenz und dein Handeln. Beim Beten weihst du den Raum um dich herum, durch die Ergebenheit schaffst du einen freien Raum, der vom Göttlichen gefüllt wird. Indem du der göttlichen Präsenz, die entsteht, dein Innerstes anbietest, schaffst du die Gelegenheit, in Übereinstimmung mit deinem höchsten Willen das zu bekommen, was du brauchst. Indem du achtsam, offen und empfänglich bist, ebnest du den Weg, damit das Göttliche zu dir sprechen kann.

Schreite also in Liebe voran und nimm unsere Worte der Liebe mit. Sei offen für die Liebe Gottes und denke daran, dass du nie allein bist. In vollkommener Liebe, Wahrheit, voller Vertrauen und Licht verabschiede ich mich jetzt und hinterlasse dir meine Liebe.

Uraniel

Schutzengel

Menschen haben häufig ein falsches Bild von der göttlichen Liebe. Sie erscheint ihnen als eine Energie, die unabhängig von der göttlichen Quelle auftritt. Wie du weißt, ist der Mensch ein mikrokosmisches Abbild des Göttlichen. Der Mensch empfindet sich selbst weitgehend als ganz. Natürlich werden gebildete Menschen zugeben, dass es in ihrer Psyche Bereiche gibt, derer sie sich nicht bewusst sind oder zu denen sie keinen Zugang haben, dennoch glauben auch sie, dass sie größtenteils ganz und vollständig sind. Ein Psychologe sieht die Sache anders. Für ihn besteht der Mensch aus vielen Teilen, aus Anima und Animus, aus Schattenselbst und innerem Kind, aus Bewusstsein, Unterbewusstsein und Überbewusstsein. Er sieht diese einzelnen Aspekte der Psyche als voneinander unabhängig, sehr getrennt, sehr individuell. Sie kommen über das Bewusstsein des Menschen auf verborgene Weise zum Ausdruck und sind doch aus sich heraus dynamisch und getrennt von dem, was der Mensch als Ganzes betrachtet. So wie dies beim Mikrokosmos Mensch ist, ist es im Wesentlichen auch beim Makrokosmos des Göttlichen. Das Göttliche, obgleich etwas Ganzes und Vollständiges, bringt seine einzelnen Teile sehr individuell zum Ausdruck und die göttliche Liebe ist daher den Menschen als eine Kraft gegenwärtig, die sie tatsächlich als etwas von Gott Getrenntes erleben und betrachten können.

Die göttliche Liebe ist von ihrem Wesen her urteilsfrei und bedingungslos. Das heißt, sie ist eine Kraft, die für ihre Präsenz keine Gegenleistung verlangt. Sie ist eine unerschöpfliche, unendliche Kraft und eine Quelle der Macht. Sie hängt nicht von den Taten eines Menschen ab, von seiner Vergangenheit oder seiner Gegenwart, von seiner Kultur oder seinem sozialen Status, sondern ist kontinuierlich, ewig und unendlich. Sie beurteilt nicht, ob ein Mensch ihre Präsenz oder ihre Fülle verdient oder nicht. Vielmehr erkennt sie an, dass alle Menschen eins sind, dass alle gleich sind, denn sie sieht sie alle als Seelen. Im Vergleich zur Ewigkeit der ursprünglichen Natur der Seele sind die Erfahrungen, die die Seele im Laufe ihrer Inkarnationen sammelt, großteils nur eine Illusion. Obwohl diese Erfahrungen ihren Wert haben, beeinträchtigen oder beeinflussen sie in keiner Weise die Ewigkeit der Seele. Deshalb bilden sie keinerlei Grundlage dafür, ob die Seele die Fülle der göttlichen Liebe verdient oder nicht. Alle Seelen verdienen die göttliche Liebe, einfach weil sie Seelen sind, weil sie göttlich sind.

Gottes Liebe kommt in vielfacher Weise zum Ausdruck. Sie ist eine Kraft und Macht, für die es viele verschiedene Bezeichnungen gibt. Eine von der Kirche verwendete Bezeichnung ist »Heiliger Geist«. Der Heilige Geist ist immer etwas sehr Mysteriöses gewesen. Verschiedene religiöse Gruppen betrachten den Heiligen Geist als eine Reihe von göttlichen Ausdrucksformen; so soll er der Körper der göttlichen Quelle sein, der alle Wesen in das göttliche Bewusstsein einhüllt. In Wahrheit ist der Heilige Geist aber der Körper der göttlichen Liebe. Er entspricht nicht den Gefühlen des Göttlichen, denn das Göttliche hat keine Gefühle in der Form, wie der Mensch sie hat. Er ist eher der Emotionalkörper der Quelle, ein Emotionalkörper, der voller Liebe, Reinheit, Wahrheit und Integrität ist.

Diese Liebe übersteigt zwar das menschliche Vorstellungsvermögen, doch sie lässt sich mit einigen der Emotionen vergleichen, die der Mensch in kleinerem Maßstab erlebt. Die göttliche Liebe, der Heilige Geist, ist die Freude und der Jubel in Bezug auf die Erschaffung der Realität und des Menschen. Sie ähnelt der Liebe, die eine Mutter für das Kind, das sie in ihrem Leib trägt, empfindet. Sie ist keine verzweifelte Liebe, kein Sehnen oder Verlangen, sondern eine Anerkennung des Wunders, an dem sie teilhat. Sie ähnelt der Liebe, die die Menschen für etwas nicht Materielles, etwas Abstraktes empfinden. Sie ist wie die Liebe, die die Menschen für den Frühling oder für Farben spüren. Wie die Liebe, die wir für ein bestimmtes Wetter oder für Blumen empfinden. Eine Liebe, die keine Bedingungen stellt, eine Liebe, die nicht Teil unserer Vorlieben, unseres Charakters und unserer Persönlichkeit ist. Die göttliche Liebe lässt sich mit Stolz vergleichen, aber nicht im negativen Sinne, sondern in dem Sinne, dass man sich darüber freut, was aus dem geworden ist, was man erschaffen hat, dass man es staunend und liebevoll betrachtet. Sie ist eine Liebesbeziehung mit sich selbst und ihrer eigenen Schöpfung.

Die bedingte Liebe ist immer mit Angst verbunden. Angst, dass die Liebe vergeht oder verunglimpft wird. Angst, dass man die Liebe verliert. Bei der bedingungslosen, kosmischen Liebe des Göttlichen gibt es keine Angst. Daher ist diese Liebe uneingeschränkt und unendlich. Sie erkennt an, dass es jenseits der eingeschränkten Realität, in der Veränderung die einzige Konstante ist, etwas Dauerhaftes gibt. Dass es in der unsichtbaren, unbekannten Welt der Grenzenlosigkeit, außerhalb der Gesetze von Raum und Zeit, eine Ewigkeit gibt und dass innerhalb der göttlichen Schöpfung, innerhalb von Materie und Mensch, ein wenig von dieser Ewigkeit gegenwärtig ist, die immer war und immer sein wird. Wenn man sich dieser Ewigkeit bewusst ist, verschwindet die Angst vor Verlust und die Liebe wird frei. Sie wird frei, weil sie zulässt, dass das, was sein soll, ist.

Engel sind ein Ausdruck der göttlichen Liebe. Sie sind ein Ausdruck der Liebe Gottes für das Universum, dessen Erhaltung und der Erfüllung seiner Bestimmung. Sie sind ein Ausdruck der Liebe Gottes für den Menschen. Dies gilt vor allem für Schutzengel, wie ich selbst einer bin. Schutzengel sind ein Ausdruck der Liebe Gottes für jeden Menschen, den es gibt. Sie wurden wie ein Kuss in die Zelle eingebettet, die aus dem göttlichen Körper geboren war und sich zu einer Seele entwickelte. Sie wuchsen im Inneren dieser Seele als ein Teil davon, als eine göttliche Segnung, um diese Seele zu ihrer Erfüllung und schließlich zurück zur göttlichen Quelle zu führen. Das ist der Grund, warum Okkultisten und Metaphysiker eine unterschiedliche Meinung in Bezug auf Schutzengel vertreten. Manche betrachten sie als getrennt von der Seele und manche sagen, Schutzengel und die Seele sind ein und dasselbe. Wir sind von Natur aus getrennt und doch eins. Die Schutzengel wurden durch die Liebe Gottes zum Menschen geschaffen, um diesem als Vermittler zwischen seiner Seele und dem Göttlichen zu dienen. Wir wurden aber in der Seele des Menschen geboren, indem Gott seine Liebe in die Zelle der Seele selbst einbettete. Wir sind Teil deines höheren Bewusstseins und wir sind ein Ausdruck der Liebe Gottes zu dir.

Unsere Pflicht und Aufgabe ist es, dich hin zur Erfüllung deines Schicksals zu führen; zur erfolgreichen Neutralisierung deines Karmas; zu jenen Menschen, Orten und Situationen, die zu diesem Vorgang beitragen. Hinzuführen zum sinnvollen Einsatz deiner Gabe, die du in jedem deiner Leben hast und die sich zwar ändern kann, für gewöhnlich aber mit der archetypischen Natur deiner Seelenessenz verbunden ist. Und wir leiten dich an, das zu lernen, was du brauchst, um vollständig zu sein. Als eine Ausdrucksform der göttlichen Liebe sind wir Schutzengel, so wie alle anderen Engel auch, bedingungslos und urteilsfrei. Wir konzentrieren uns ganz auf dich, aber wir sind nicht von dir angetan, weil du Gutes tust, und wir sind nicht von dir abgestoßen, weil du dunkle Taten begehst. Wir sehen nur das göttliche Licht, das in dir leuchtet. Alles andere betrachten wir als Hilfsmittel für deinen Lernprozess, als illusorische Erfahrungen in den Augen Gottes, die das Ewige in deinem Inneren nicht beeinträchtigen.

In Erfüllung unserer Pflicht kann es sein, dass wir dich in Situationen führen, die du vielleicht als schmerzlich empfindest. Wenn diese Erfahrungen dich dazu anregen, auf die richtige Weise zu wachsen, dann erachten wir sie als passend. Manche Menschen haben deshalb das Gefühl, sie könnten sich nicht auf uns verlassen. Es stimmt schon, dass du dich nicht immer darauf verlassen kannst, dass wir dein Leben angenehm machen, aber du kannst dich immer auf unsere Führung verlassen, die letztendlich dem höheren Wohle deines gesamten Wesens dient. Wir würden dich nie in eine Situation bringen, die dir Leid zufügt, das du nicht selbst heilen kannst, oder irgendeiner Gefahr aussetzen, mit der du nicht fertig wirst. Das liegt uns fern, denn schließlich geht unser Wesen auf die göttliche Liebe zu dir zurück und sie ist unsere grundlegende Motivation, die alles andere, was uns ausmacht, übertrifft.

Wir waren vom ersten Augenblick an bei dir, als du dich vom Göttlichen löstest und das begrenzte Raum-Zeit-Kontinuum betratst, seit deiner allerersten Inkarnation, die du erlebt hast, und werden bei dir bleiben bis zur allerletzten. Wir waren bei all deinen Geburten anwesend und bei jedem Tod. Wir haben versucht, dich sicher ins Licht der spirituellen Welt und zurück zum höheren Selbst, zur Seele zu führen. Wir haben uns darum bemüht, dich von der Weisheit unserer Erfahrungen profitieren zu lassen, der Weisheit unserer Erfahrungen mit deinen Leben, und haben immer versucht, dich zur höchsten Wahrheit zu führen, zum hellsten Licht, zur geeignetsten und positivsten Existenz.

Unsere Energie verbindet sich mit dir im Bereich des Solarplexus, wenn du menschliche Gestalt annimmst. Viele Menschen verblüfft diese Tatsache, weil sie verständlicherweise annehmen, dass unsere Energie mit einem der höheren Chakrapunkte in ihrem energetischen Körper verbunden sei. Der Solarplexus ist so etwas wie die energetische Nabelschnur der menschlichen Gestalt. Der Astralkörper, das Vehikel, das du benutzt, um dein Bewusstsein auszudehnen und astral zu reisen, ist mit dieser Körperstelle verbunden und deshalb sind wir auf diesen Punkt ausgerichtet, wenn du dich in einem Körper befindest. Eine Verbindung an dieser Stelle ermöglicht es uns, dich auf der physischen, bewussten Ebene zu führen und zu leiten. Gleichzeitig können wir ein wachsames Auge auf deine astrale Präsenz und die Bedürfnisse deiner physischen Gestalt haben. Wenn du dich mit uns verbinden möchtest, empfehlen wir dir also, deine Konzentration und Aufmerksamkeit auf diesen Punkt zu richten, um dort mit deinem geistigen Auge, mit deiner Vorstellungskraft nach einem leuchtenden Lichtstrahl zu suchen, nach einer ätherischen Nabelschnur, die dich mit uns verbindet. Das ist metaphorisch gemeint; also kein Seil, das uns an dir festbindet, eher ein Energiesignal, das uns hilft, auf dich eingestimmt zu bleiben, dich zu finden. Hier manifestiert sich unsere Präsenz in jenem Teil deiner Seele, der in deinem Körper gegenwärtig ist. Du darfst nicht vergessen, dass wir, obwohl dein Bewusstsein uns oft als getrennt von dir wahrnimmt, von Natur aus ein Teil von dir sind, und deshalb gleichermaßen in deinem Inneren wie außerhalb von dir sind.

Das folgende Ritual ist ein Ritual der Einstimmung. Du kannst dich auf den Schutzengel einstimmen, damit er dich führt oder beschützt, heilt oder ganz allgemein unterstützt. Obwohl es uns vor allem um das höhere Wohl deiner Seele geht und du dich mit kleineren Anliegen und Fragen lieber an deine spirituellen Meister wendest, lehnen wir keine Frage ab, sondern versuchen, dich direkt zur Antwort zu führen. Dies geschieht entweder über deine Intuition oder, wenn du das Glück hast, einen »direkten Draht« zu uns zu haben, durch einen offenen Dialog, Omen und Zeichen.

Ritual

Verbrenne in einem Raum, in dem du ruhige Musik hörst oder in dem es ganz still ist, ein wenig Räucherwerk und zünde eine Kerze an, um diesen Augenblick zu einem besonders spirituellen Augenblick zu machen. Dann schließe deine Augen und atme gleichmäßig. Richte deine Aufmerksamkeit nach und nach auf den Solarplexusbereich deines Körpers und mache dir zunächst bewusst, was du an dieser Stelle physisch wahrnimmst: den Druck deiner Kleidung auf diesen Bereich; das ruhige rhythmische Atmen; die Empfindungen, die diesen Teil deines Körpers beeinflussen. Visualisiere, das heißt, stelle dir vor deinem geistigen Auge den Solarplexus als eine Blume aus goldgelbem Licht vor, als eine Sommerblume, die majestätisch strahlt und leuchtet, und stelle dir in der Mitte der strahlenden Blume aus Licht einen Energiestrahl vor. Dieser strömt wie ein durchsichtiger, sprudelnder, gelblich weißer Lichtstrahl aus dem Solarplexus heraus, umgibt dich und verbindet dich mit uns.

Lasse in deiner Vorstellungskraft unsere Gestalt entstehen; sie mag vielleicht einer Beschreibung, die du in Bezug auf deinen Schutzengel erhalten hast, entsprechen, vielleicht auch einem stereotypen Bild, das du in deinem Geist trägst. Versuche, so offen wie möglich zu bleiben, damit der Engel deiner Vorstellungskraft einige seiner besonderen Eigenschaften einprägen kann oder vielmehr die Eigenschaften, die er in diesem Augenblick zum Ausdruck bringen möchte. Versuche, nicht allzu viele Erwartungen daran zu haben, wie der Schutzengel sich dir offenbaren wird. Stelle ihn dir als ein leuchtendes, lächelndes Wesen mit ausgebreiteten Armen vor, das Gottes Liebe ausstrahlt. Gottes Liebe ist ein endloser Strom aus zartem rosafarbigem Licht, der glänzt und leuchtet; ein Energiefeld, das du immer mehr als Teil des Gewebes deiner Realität und deines eigenen Wesens erkennst. Sie umhüllt dich, hält dich, als wäre sie eine Lösung, in der du schon immer existiert hast, aber sie fließt auch durch dich hindurch und ist ein Teil von dir – deinem Blut, deinen Knochen, deinen Muskeln, deinen Gedanken, deinen Gefühlen in deinem Herzen. Wenn du dich auf dieses Energiefeld, diese Lösung, konzentrierst, wird es deutlicher und kräftiger. Der Schutzengel tritt nach vorn, umarmt dich und hält dich lange in seinen Armen.

Die Präsenz und die Macht der göttlichen Liebe ist unendlich und wunderbar. Sie kann heilen und verstärken. Sie kann verwandeln und klären. Sie kann erheben, aufheitern und Liebe schenken. Sitze im Inneren dieser Liebe, halte sie fest, verankere sie, sei sie, ruhe in ihr. Und dann, nach einer Weile, lasse sie sich auflösen. Nimm dir etwas Zeit, um dich wieder zu zentrieren, dich zu erden und zu schützen, bevor du die Kerze auslöscht und in deine alltägliche Realität zurückkehrst. Diese Verbindung mit dem Schutzengel kannst du, wenn du möchtest, regelmäßig herstellen. Du kannst auch nur dann mit ihm in Kontakt treten, wenn du das Gefühl hast, du brauchst Führung oder die Bestätigung, dass Gottes Liebe in deinem Leben gegenwärtig ist. Sie kann wahre Wunder wirken und muss gar nicht zu oft eingesetzt werden. Es handelt sich dabei um eine Energie und eine Macht, die wahrhaft ewig ist.

ENDE DES RITUALS

Wir dürfen nicht vergessen, dass Gottes Liebe bedingungslos ist. Gottes Liebe ist nicht verantwortlich für die Taten des Menschen und die Vorgänge in der Natur. Es ist wichtig, daran zu denken, dass Gottes Liebe wie eine Schutzhülle ist, die alles umgibt. Wir würden dem Lack auf einem Holzbrett auch nicht die Schuld dafür geben, wie das Holz verwendet oder behandelt wird, und deshalb dürfen wir auch Gottes Liebe nicht die Schuld dafür geben, wie die Menschen sich selbst und andere behandeln oder wie die Erde auf das reagiert, was ihr der Mensch antut. Gottes Liebe ist eine Lösung, und zwar nicht in dem Sinne, dass sie eine Antwort ist, sondern vielmehr in dem Sinne, dass sie eine Kraft ist, in der alles ruht und verweilt. Wir sind Gottes Liebe zu dir und als solche sind wir ewig und unendlich. Vergiss das nicht und vergiss nicht, dass du nie allein bist. In vollkommener Liebe und vollkommener Wahrheit verabschiede ich mich jetzt und hinterlasse dir meine Liebe.

Erzengel Raphael

Der Engel des Elements Luft

Ich bin Raphael, Erzengel des Elements Luft, Hüter des Ostens. Ich bringe euch Anmut und sorge dafür, dass alles fließt. Ich bin der Engel der Worte, ich bin der Engel des Gesangs; ich bin der Engel der Heilung und Wahrheit. Ich bin der Engel der Kommunikation und das gegenwärtige Zeitalter ist mein Zeitalter. Ich bin der Engel der Gedanken und all jener Dinge, die durch diesen mächtigen, kreativen Prozess des Lichts erschaffen werden.

Ich bin hier, um über einen der vielen Vorgänge zu sprechen, die ich behüte und über die ich wache: die Heilung. Sich mit Heilung und Gesundheit zu beschäftigen ist wichtig auf eurem Planeten. Jeder Einzelne von euch sucht irgendwann in seinem Leben danach. Mit Heilung werdet ihr durch eure Gesellschaft, eure Eltern, eure Altersgenossen konfrontiert. Sie wird von vielen Menschen begehrt und ersehnt, weil sie krank sind, Schmerzen, Sorgen, Kummer und Leid erleben und weil ihr Körper, ihr Herz, ihr Geist und ihre Seele aus dem Gleichgewicht geraten sind.

In der spirituellen Szene, unter den Anhängern des New Age werden zurzeit Ansichten im Hinblick auf die Ursache von Krankheiten vertreten, die andere Menschen nur schwer annehmen können. Diese Ansichten kommen der Wahrheit zwar sehr nahe, aber manche Aspekte sind zu dogmatisch und zu allgemein. Ich hoffe, meine Erläuterungen werden verständlich machen, warum die Menschen Krankheit und Leiden erfahren.

Eine Theorie unter den Anhängern des New Age lautet, dass Krankheit und Leiden die Manifestation einer tieferen, unsichtbaren Ursache, eines Ungleichgewichts in Geist, Herz, Körper und Seele sind, eine äußere Manifestation einer Störung im Unterbewusstsein. Manche Menschen glauben, dass das Unterbewusstsein Krankheit und Leiden hervorruft und manifestiert, um das Bewusstsein auf ein unsichtbares Ungleichgewicht aufmerksam zu machen, das in den unterbewussten und unbewussten Bereichen der Psyche herrscht. Bis zu einem gewissen Grad stimmt das natürlich, aber es gibt bestimmte Krankheiten und Leiden, gewisse Arten von Ungleichgewicht im Körper, die eine andere Ursache haben. Krankheiten und Leiden, die wir von anderen erben; Beschwerden und Probleme, die aufgrund der Wut, der Dummheit oder der Torheit anderer Menschen entstehen; Probleme, die genetisch bedingt und Teil unseres biologischen Erbes von unseren Vorfahren sind, fallen in die Kategorie der Probleme, die nicht durch das Unbewusste manifestiert werden. Natürlich gibt es auch Ausnahmen. Manchmal führt ein unbewusstes Ungleichgewicht einen Menschen zu einem anderen Menschen, durch den er sich eine Krankheit zuzieht, die ihm ein Ungleichgewicht aufzeigt, das in den unterbewussten Bereichen seiner Psyche liegt. Im Allgemeinen wurzeln aber Krankheiten, die man auf diese Weise erbt oder erwirbt, nicht in einem Ungleichgewicht in diesem Leben.

Einige dieser Krankheiten und Leiden können karmischen Ursprungs sein. Wenn euch ein Mensch in diesem Leben angreift oder eine Krankheit vererbt, kann es sein, dass ihr ihm in einer früheren Inkarnation ein Unrecht zugefügt habt und er in diesem Leben dazu dient, das karmische Ungleichgewicht zwischen euch auszugleichen. Deshalb dürft ihr den Menschen, der die Krankheit an euch weitergibt, nicht verurteilen, seht ihn einfach nur als Verursacher eures Problems an. In Wahrheit kann es sein, dass ihr selbst die Ursache dieses Problems seid, nicht in diesem Leben, sondern in einem früheren. Aber manchmal erbt ihr Krankheiten und Probleme rein zufällig, was nicht heißt, dass sie nicht einen höheren Zweck erfüllen, denn das ist sicher der Fall. Ihr erbt sie jedoch nicht aufgrund einer unbewussten Manipulation oder einer karmischen Verbindung, sondern weil es einfach zu eurer Entwicklung, eurem Schicksal gehört, diese Krankheiten zu erleben. Die Krankheit, das Leiden, das Problem stellt eine Herausforderung für euch dar, eine Gelegenheit, zu wachsen, euch zu entfalten, Fortschritte zu machen, Dinge zu transzendieren und auf eurer spirituellen Reise voranzukommen.

Auf der spirituellen Reise geht es nicht nur darum, Dinge bewusst zu transzendieren oder ein größeres spirituelles Verständnis zu bekommen. Es geht auch darum, Erfahrungen zu sammeln, Erfahrungen, die ihr genau hier in dieser Realität machen könnt. Diese Erfahrungen mögen emotionaler, rein physischer oder instinktiver und rückschrittlicher Natur sein. Wenn ihr sie entsprechend annehmt, können sie euch dazu ermutigen, weiterzugehen, euch zu entwickeln und auf eine Weise zu wachsen, wie ihr es vorher noch nicht erlebt habt. Das Leben mehr zu schätzen ist eine evolutionäre Erfahrung. Den Wert der Liebe zu erkennen ist eine weitere evolutionäre Erfahrung, ebenso wie die Dummheiten eurer früheren Leben zu erkennen und daraufhin auf eurer Reise neue Prioritäten zu setzen. Wenn Ihr Euch bewusst macht, dass euer Leben nicht nur eurem eigenen Vergnügen, sondern einem höheren Zweck dient, ist das ebenfalls eine gute Gelegenheit, spirituell zu wachsen und euch zu entfalten.

Die meisten Menschen auf diesem Planeten sind in gewisser Weise blind: Sie sind unfähig, zu sehen, sich zu erinnern; zu begreifen, dass sie schon einmal gelebt haben, dass dieses Leben nur eines von vielen ist, das sie erleben. Sie sehen sich nur im Hier und Jetzt und das bringt gewisse Vorteile mit sich, aber es hindert sie auch daran, zu erkennen, dass sie unendlich und ewig sind. Es hindert sie daran, zu erkennen, dass Krankheit und Leiden Teil eines allmählichen Wachstumsprozesses sind.

So wird es nicht immer sein. Und es war nicht immer so; es ist einfach eine Erfahrung auf eurem Weg, durch die ihr die Welt in einem anderen Licht sehen lernt. Manchmal seht ihr sie im Licht des Leidens, des Schmerzes, aber manchmal seht ihr sie auch unmittelbar, direkt und ursprünglich. So mag eure Wahrnehmung der Realität auf eine Weise gefärbt und verändert sein, dass ihr euch weiterentwickeln und wachsen könnt.

Die Menschen halten nur selten inne, um nach dem »Warum« zu fragen. Warum bin ich krank geworden? Welche Lektion soll ich aus dieser Erfahrung lernen? Sie konzentrieren sich auf die Lösung, darauf, das Problem zu beseitigen, gesund zu werden, und das ist auch verständlich. Doch um gesund zu werden, muss man oft zuerst einmal verstehen, warum es überhaupt zu dieser Krankheit gekommen ist. Viele Menschen konzentrieren sich auf das Negative. Sie betrachten die Krankheit als ein Zeichen für ein Ungleichgewicht, für schlechtes Karma. Sie sehen die Krankheit als einen Hinweis darauf, dass sie aus dem Gleichgewicht sind, während die Krankheit manchmal einfach nur eine Gelegenheit ist, um zu wachsen, das Leben neu zu überdenken und sich neu auszurichten, eine bestimmte Wahrheit anzuerkennen, die Erleuchtung zu finden. Sie ist auf keinen Fall und in keiner Weise ein Zeichen dafür, dass man kein guter Mensch ist.

Vielen Leuten missfällt die New-Age-Auffassung, dass sich in der Krankheit der Wunsch des höheren Bewusstseins nach Wachstum manifestiert, denn sie denken, darin verberge sich ein Urteil. Sie unterstellen, dass das höhere Selbst dem Menschen seine Taten in früheren oder in diesem Leben vorwerfe und dass die Krankheit eine Form von Strafe sei. Das stimmt nicht. Die Erfahrungen, die ihr macht, egal wie erfreulich oder wie düster, sind Gelegenheiten, um zu wachsen. Egal, ob ihr sie selbst verursacht habt oder jemand anderes, der Silberstreifen am Horizont ist immer, dass dies eine Gelegenheit ist, das Negative zum Positiven zu wandeln, den Schatten in Licht zu transformieren.

Das ist nicht einfach. Tatsächlich erfordert es mehr Energie, positiv zu sein, als negativ zu sein. Aus der Sicht des Opfers oder des kranken Menschen ist es einfach, negativ zu sein, sich dem Schmerz, der Krankheit, dem Leiden oder dem Problem zu ergeben. Es erfordert sehr viel mehr Energie, sich über die Symptome zu erheben, nach der Erkenntnis zu suchen, wohin die Krankheit einen führen will, sie zu überwinden, zu transformieren, wieder heil zu werden. Viele Menschen, die einen Heiler aufsuchen, haben keine Energie mehr. Sie haben alle Möglichkeiten ausgeschöpft. Die konventionelle Medizin kann sie nicht heilen. Ihnen bleibt nur noch das Hoffen auf ein Wunder. Ein Wunder kann aber nur geschehen, wenn jemand bereit ist, sich das Problem oder die Krankheit anzusehen und darin die Lektion, und die Herausforderung zu erkennen. Man muss mit dem Heiler zusammenarbeiten und zulassen, dass die Energie des Heilers sich mit der eigenen Kraft verbindet. Viele Menschen, die einen Heiler aufsuchen, haben keinen Erfolg, weil sie zu diesem Zeitpunkt keinerlei Energiereserven mehr haben. Sie haben keine Kraft mehr, um den Heiler bei seiner Aufgabe zu unterstützen, und die Energie, die sie vom Heiler erhalten, bringt sie sozusagen nur bis an die Wasseroberfläche, wo sie gerade so dahintreiben und atmen können, aber es fehlt ihnen noch immer die Kraft, sich auf Dauer selbst über Wasser zu halten. Heilung ist eine kooperative Handlung. Der Heiler arbeitet mit den Kräften zusammen, die ihm zur Verfügung stehen, um eine Einsicht, eine Erneuerung und ein Gleichgewicht zu bewirken. Es geht aber auch darum, dass der nach Heilung Suchende mit dem Heiler kooperiert und bereit ist, geheilt zu werden. Er muss die Vorschläge des Heilers annehmen und sich auf seine eigene Transformation konzentrieren, indem er erforscht, welche Ursache die Krankheit hat und was sie für ihn bedeuten mag.

Es gibt noch eine weitere Form von Krankheit und Leiden, die viel weiter verbreitet ist, als gemeinhin angenommen wird. Diese Krankheit stellt eine Reaktion auf das Ungleichgewicht in eurer Umwelt dar. Die Menschen sind über ihren Geist, ihre Seele und ihr Herz eng mit der Welt, in der sie leben, verbunden. Diese Verbundenheit besteht auch über ihren Körper, und zwar nicht nur auf die offensichtliche physische Weise, indem die Menschen auf Chemikalien in Nahrungsmitteln oder in der Luft reagieren, sondern auch auf eine feinstoffliche und ätherische Weise. Ihr seid eins mit der Welt um euch herum, ein Mikrokosmos innerhalb des Makrokosmos, und als solcher reagiert ihr auf die Schadstoffe und die Respektlosigkeit, die euren Planeten belasten. Viel zu lange hat der Mensch vergessen, dass die Welt um ihn herum lebendig ist. Sie ist ein Lebewesen, hat ein Bewusstsein, einen Körper, einen Geist, einen Verstand, ein Herz und eine Seele. Die Schadstoffe, die auf dem Planeten freigesetzt wurden, der Raubbau an seinen Ressourcen haben das Gleichgewicht der Erde zerstört und dieses Ungleichgewicht, das der Mensch geschaffen hat, spiegelt sich in seinem eigenen Körper wider. Jene, die in der Vergangenheit stärker mit der Erde verbunden waren, weil sie ihr gedient oder Kraft von ihr geschöpft haben, spüren das Ungleichgewicht der Erde noch stärker als andere, aber **tatsächlich** sind alle Menschen mit der Biosphäre der Erde verbunden und sind deren Ungleichgewicht ausgesetzt.

Die Menschheit hat erkannt, dass die Welt, in der sie lebt, mittlerweile verschmutzt ist, und sie versucht jetzt, einen Teil des Schadens, den sie angerichtet hat, wiedergutzumachen. Die Bemühungen reichen zwar momentan nicht aus, aber sie sind immerhin ein Schritt in die richtige Richtung. Wenn ihr die Welt um euch herum heilt, dann heilt ihr euch selbst. Wenn ihr euch selbst heilt, dann heilt ihr die Welt um euch herum. Trotzdem ist noch viel mehr nötig. Was ihr tun könnt, ist, euch auf die Umgebung zu konzentrieren, in der ihr lebt. Ihr könnt die Verantwortung für jene Teile des Planeten übernehmen, wo ihr etwas bewirken könnt. Oh ja, ihr könnt Petitionen unterzeichnen und Geld an jene Orte schicken, die in Not sind. Ihr könnt euch aber auch um eure unmittelbare Umgebung kümmern und euren Teil dazu beitragen, diese Umgebung zu heilen und zu erneuern.

Dazu könnt ihr alles in eurer Macht stehende tut, damit eure Umgebung nicht verunstaltet und verunreinigt wird. Ihr könnt das auf der physischen Ebene tun, oder mental, emotional und spirituell euer Licht in die Umgebung hinaussenden, um Harmonie zu erzeugen. Dabei könnt ihr euch auf jene Bereiche konzentrieren, die eure Hilfe besonders dringend brauchen: Orte, die mutwillig zerstört und vernachlässigt wurden, an denen die ätherische Energie durch Kraftwerke, Hochspannungsleitungen oder Funktürme gestört wird; Orte, die geschändet und geplündert wurden, wie durch Steinbrüche und Bergwerke. Das Ungleichgewicht in der Welt entsteht nicht nur durch die Verschmutzung der Umwelt und die Zerstörung des physischen Planeten, sondern auch durch die traumatische Wirkung, die dieses Verhalten auf das mentale und emotionale Bewusstsein des Planeten hat. Wenn ihr der Welt also Heilung schickt, müsst ihr euch diesem Thema widmen und versuchen, die enge Beziehung, die zwischen euch und der Welt besteht, zu erneuern. Außerdem müsst ihr das Vertrauen der Welt in euch wieder aufbauen und die Verbindung zwischen den subtilen Formen des Bewusstseins der Welt wieder ins Gleichgewicht bringen.

Das letzte Thema, das ich in Hinblick auf das Ungleichgewicht, das zurzeit in den Menschen und auf dem Planeten herrscht, besprechen möchte, betrifft Integrität und Wahrheit. Integrität und Wahrheit halten die feinstofflichen Körper zusammen, binden sie aneinander, stärken ihre unpolare Verbindung, das Band der Energie, das sie im Gleichgewicht und in Einklang hält. Bei den feinstofflichen Körpern handelt es sich um verschiedene Schwingungsfelder, Gebilde, die von den Chakren nach außen projiziert werden und durch die es euch möglich ist, zu denken, zu fühlen, zu erleben und euch auf bestimmte Weise auszudrücken. Sie drücken sich auf der physischen Ebene als eure Sinne und als die verschiedenen Formen von Bewusstsein, Gedanken und Gefühlen aus. Die feinstofflichen Formen werden durch mangelnde Integrität oder Wahrheit in eurem Inneren verzerrt. Wenn ihr euch selbst oder andere belügt, wenn ihr die Wahrheit leugnet oder unterdrückt, wenn ihr euch selbst oder andere täuscht, setzt ihr eure feinstoffliche Form unter Stress. Ihr erzeugt einen Zustand der Reue, eure feinstofflichen Felder zerren aneinander, sodass sie in ein völliges Ungleichgewicht geraten. So kommt es zu einem Ungleichgewicht, das eurer Gesundheit abträglich ist. Ihr werdet krank, weil gewisse Krankheiten durch die verzerrten Felder eures feinstofflichen Körpers hindurchsickern oder sich auf eine bestimmte Weise in euch manifestieren können, und schließlich manifestieren sie sich im physischen Körper als physisches Problem.

Deshalb ist es sehr wichtig, dass ihr euch selbst, anderen und der Welt gegenüber immer ehrlich seid. Dass ihr eure Integrität, so gut es geht, wahrt; dass ihr euch nicht selbst belügt, euch nicht selbst täuscht; dass ihr nichts verbergt oder unterdrückt, sondern immer ehrlich, offen und aufrichtig zu euch selbst und anderen seid. Das mag sehr kompliziert klingen – all die verschiedenen Dinge, die ihr in Bezug auf eure eigenen Krankheiten und die Krankheiten anderer überlegen müsst. Aber im Endeffekt läuft alles auf eine einzige Wahrheit hinaus: Zu einer Krankheit kommt es in erster Linie, damit ihr euch wandeln, ändern, entwickeln, wachsen und aufsteigen könnt. Ob die Krankheit auf euer Karma zurückgeht, auf eure Beziehung zur Welt, auf mangelnde Integrität oder auf Umweltfaktoren, die ihr nicht beeinflussen könnt: Sie will euch immer dazu ermutigen, euch in Richtung Veränderung und Wachstum, Transformation, Erkenntnis und Aufstieg zu entwickeln.

Ritual

Das kleine Ritual, das ich im Folgenden anbiete, ist ein allgemeines Ritual, das zur Heilung bei anderen oder bei dir selbst verwendet werden kann. Liegt ein Ungleichgewicht vor, das der Betroffene bewusst bearbeiten muss, dann enthüllt dieses Ritual das Problem und bringt es an die Oberfläche. Der Betroffene wird mit dieser Wahrheit konfrontiert. Handelt es sich um ein Ungleichgewicht, das beseitigt werden kann, ohne dass sich der

Betroffene damit auseinandersetzen muss, ohne dass er das Ungleichgewicht bewusst erkennen muss, dann hilft dieses Ritual auch. In gewissen Fällen und unter bestimmten Umständen muss das Heilritual mehrmals wiederholt werden, um das Gleichgewicht vollständig und erfolgreich wiederherzustellen und den Betroffenen zu heilen.

Es ruft eine besondere Schwingung an, einen bestimmten Lichtstrahl. Es handelt sich um eine Energie aus einer der höheren Sphären, aus der Buddhisphäre, der sechsten Sphäre. Die Buddhisphäre ist die Sphäre der Spiegelung. Sie ist auch die Sphäre der Herausforderung und Konfrontation. Es ist die Sphäre, in der die vollkommene Matrix des Göttlichen aufbewahrt und der Menschheit gespiegelt wird, sodass sie danach streben möge, sich an diese ätherische Matrix der Vollkommenheit anzupassen.

Sorge also dafür, dass du nicht gestört wirst. Sorge dafür, dass du entspannt und ruhig bist, dass du es warm und bequem hast. Wenn du eine goldene Kerze hast, zünde sie jetzt an. Wenn nicht, dann geht auch eine weiße Kerze. Lasse dir etwas Zeit, um dich zu entspannen. Atme langsam und ruhig, werde still und zentriere dich. Wenn du möchtest, kannst du leise Musik spielen oder etwas Räucherwerk anzünden. Räucherwerk mit einer hohen Schwingung, wie etwa Weihrauch, wäre dafür ideal. Nachdem du dich einen Augenblick lang entspannt hast, sprich folgendes Gebet:

»Ich rufe die Macht der Buddhisphäre; das Licht der Spiegelung; das Licht der Konfrontation; das Licht der Herausforderung; das Licht, das mir helfen wird, die Wahrheit zu sehen. Lasse dieses Licht jetzt auf mich strahlen. Möge es alles enthüllen, das ich sehen muss, damit eine Heilung möglich ist. Möge es mir meine Gesundheit zurückbringen. Möge es das Gleichgewicht wiederherstellen. Möge es die Ordnung wiederherstellen. Möge es den Bauplan meiner ätherischen

Vollkommenheit erhellen und diese Matrix über mich legen, und in meinem Geist, meinem Körper und meiner Seele wieder vollkommene Gesundheit herstellen. Ich bitte in Übereinstimmung mit dem göttlichen Willen und dem göttlichen Plan um diese Dinge, sofern sie auch in Übereinstimmung mit meinem höheren Selbst stehen und niemandem schaden. Möge es so geschehen. So sei es.«

Visualisiere jetzt einen goldenen Energiestrom. Der goldene Strom oder Lichtstrahl umgibt dich. Er füllt deinen Körper, er füllt deine Aura, er durchflutet deine Meridiane und Chakren und strömt in deine feinstofflichen Körper. Er hebt das vorhandene Ungleichgewicht auf und korrigiert es, aber gleichzeitig bringt er die Ursache jeden Ungleichgewichts an die Oberfläche und enthüllt sie, wenn du dich in diesem Augenblick damit auseinandersetzen musst. Bleibe offen, während das goldene Licht herabstrahlt und dich umströmt. Lasse die Gedanken in dein Bewusstsein aufsteigen. Nehme sie an. Verdränge sie nicht, sondern beobachte einfach nur, wie sie an die Oberfläche kommen. Diese Gedanken mögen im Augenblick nicht passend erscheinen, aber es ist wichtig, sie im Geiste zu notieren. So kannst du sie später erneut erforschen, schließlich können sie verborgene Hinweise auf die Ursache der Krankheit, an der du leidest, enthalten.

Ändere nach einer Weile das Bild, das du visualisierst. Stelle dir jetzt zwei ineinander greifende Dreiecke vor, die ein Hexagramm bilden, einen Davidstern. Der Davidstern ist ein mächtiges Symbol, das den Geist und die Seele darstellt, die sich vereinen, um das wahre Selbst zu erschaffen. Er steht außerdem für die Merkabah, das Lichtkörpervehikel, das auch eine Aufstiegskammer ist, ein Sammelpunkt für Energie, der dein vollkommenes Selbst fördert und hervorbringt. Konzentriere dich auf dieses einfache, zweidimensionale Bild: das Hexagramm. Sieh, wie es aus goldenem Licht entsteht, goldenes Licht ausstrahlt. Achte auf seine Vollkommenheit und sein Gleichgewicht, denke darüber nach, wofür es steht, welche Symbolik dahintersteckt. Bewahre das Bild eine Weile lang in deinem Geist, während du weiterhin alle anderen Gedanken an die Oberfläche deines Bewusstseins treten lässt.

Schließlich visualisiere, stelle dir vor oder mache dir bewusst, dass das Hexagramm jetzt die Merkabah ist, die deinen Körper umgibt, ein dreidimensionaler Davidstern. Wenn dir das Visualisieren grundsätzlich schwer fällt, versuche erst gar nicht, dir dieses dreidimensionale Gebilde vorzustellen, sondern sei dir einfach bewusst, dass es dich jetzt umgibt; dass es Energie anzieht; dass es die Energie, die du bereits in dir trägst, vervollkommnet und ausgleicht und dass es deine Beziehung zu deiner Umwelt, dem Makrokosmos, der Erde, in Einklang bringt. Dass es dir hilft, das Gleichgewicht in deiner unmittelbaren Umgebung wiederherzustellen und gleichzeitig die harmonische Beziehung, die zwischen der Welt und dir besteht, zu stärken.

Hör nach einer Weile auf, zu visualisieren, atme ein paar Mal tief durch und bringe dein Bewusstsein zurück in deine physische Umgebung. Öffne deine Augen, lösche die Kerze aus und sei dir bewusst, dass du dieses Ritual zur Heilung damit vollendet hast.

ENDE DES RITUALS

Diese Visualisierung kann für andere während einer Heilbehandlung durchgeführt werden. Sie kann mehrmals durchgeführt werden. Unabhängig davon, ob man sie für sich selbst oder für andere macht, ist es immer wichtig, über die Dinge zu sprechen, die ins Bewusstsein aufsteigen. Denn diese Dinge zeigen vielleicht auf die eine oder andere Weise die Inhalte der Psyche an, die aufgelöst werden müssen, um das vorhandene Ungleichgewicht zu beseitigen, das die Symptome im physischen Körper verursacht. Um die Bilder zu interpretieren, kann etwas Fantasie erforderlich sein, da es vielleicht zwischen diesen Dingen und der Krankheit, dem Leiden oder Problem keinerlei Verbindung zu geben scheint. Mit etwas Nachdenken kann man jedoch wahrscheinlich eine Verbindung erkennen und Maßnahmen ergreifen, um diese Bereiche zu bearbeiten und wieder mehr Harmonie und Gleichgewicht herzustellen.

Heilung ist etwas Kompliziertes, da es so viele verschiedene Ursachen für Krankheit, Leiden und Probleme des Geistes, Körpers, Herzens und der Seele gibt. Viele Heiler denken nicht über die Komplexität dieses Bereichs nach, sondern üben die Heilkunst, die sie erlernt haben, auf sehr mechanische Weise aus. Sie sind dann oft verwirrt, wenn die Heilung, die sie bewirken wollen, nicht zustande kommt, aber sie täten gut daran, über die sehr komplexen Ursachen nachzudenken statt sich einzig und allein auf die Heilung zu konzentrieren. Wie schon gesagt, erfordert eine erfolgreiche Heilung die Zusammenarbeit zwischen Klient und Heiler. Es reicht nicht aus, die Person mit Heilenergie zu bombardieren. Es geht immer darum, gemeinsam die Ursache zu untersuchen und die Ursache des Problems zu behandeln.

In früheren Zeiten haben Heiler lange und intensiv in geheimen Tempeln und Schulen gearbeitet, um diese Wahrheiten zu verstehen. Leider denken in dieser Zeit, in der man spirituell sofort Fortschritte machen möchte, viele, die sich selbst als »Heiler« bezeichnen und als solche auftreten, über diese Geheimnisse zu wenig nach. Eine derart fahrlässige Heiltätigkeit ist nicht ganz ungefährlich und sollte gebremst werden, wenn sich die Anhänger des New Age und der spirituellen Gemeinschaft ihre Glaubwürdigkeit als Heiler bewahren wollen.

Denke über die hier dargelegten Wahrheiten nach. Übe diese einfache Heilmethode und arbeite am Ungleichgewicht, das in deinem Inneren vorhanden ist. Beginne deine Reise in Richtung Gesundheit und Gleichgewicht immer in deinem Inneren. Voller Frieden, Liebe und Segen hinterlasse ich dir dieses Licht und diese Liebe und verabschiede mich.

Erzengel Michael

Der Engel des Elements Feuer

Ich bin Michael, Herr der Flammen, Erzengel des Südens, Meister über die Mächte der Leidenschaft, der Alchemie, der Transformation, der Wahrnehmung und des Schutzes. Ich bin der Held und der göttliche Krieger. Ich bin die Kraft, die geschaffen wurde, um für all jene zu stehen und sie zu verteidigen, die den Pfad des Lichts wählen, der sie durch die Schattenseite ihres eigenen Geistes und Herzens führt und durch jene Schatten, die in der Welt um sie herum bestehen und die vom Licht, das sie aus der Mitte ihres eigenen Wesens ausstrahlen, angezogen werden. Die Schatten von Zweifel und Angst, von Widerstand, Herausforderung und Verzweiflung. Die Schatten, die unerlässlicher Bestandteil deiner Realität sind, die Schatten, die Teil deiner selbst sind.

Bei meiner Botschaft geht es um Schutz. Es geht darum, wie wichtig es ist, dass du dich schützt, und wie du dich richtig schützt. Ich will dir erläutern, wie, warum und wozu Schutz notwendig ist, was getan werden kann und muss, damit du geschützt bist, während du Fortschritte machst und wächst, dich entwickelst, gedeihst und leuchtest. Aber bevor ich auf den Ablauf des Verfahrens zu sprechen komme, möchte ich ein wenig darauf eingehen, was genau Schutz ist und warum du ihn brauchst.

Schutz ist ein unerlässlicher Bestandteil der spirituellen Arbeit. Du brauchst ihn, weil jeder Mensch, der sich spirituellen und geistigen Dingen widmet, viel sensibler auf bestimmte innere und äußere Energien reagiert. Aufgrund dieser gesteigerten Sensibilität bist du anfälliger für bestimmte Energien, vor denen du dich vorher nicht in Acht nehmen musstest und derer du dir gar nicht bewusst warst. Du siehst, man ist praktisch automatisch geschützt, solange man »schläft«, solange man sich den spirituellen und geistigen Welten noch nicht geöffnet hat. Skepsis, Unglauben, das sind Dinge, die eine natürliche geistige Barriere für die dunkleren, schattigeren Welten, die in unserem Inneren und Äußeren existieren, schaffen. Sie bilden einen natürlichen Schutz, sodass man keine Mächte anrufen oder Kräfte erzeugen muss, die die negativen Energien abhalten. Das gilt aber nicht für alle potenziell negativen Gestalten. Manche Wesenheiten und Energien durchdringen sogar diese starken, natürlichen Barrieren, aber bei den meisten reicht Unglauben aus, um sie vor energetischen Schadstoffen, vor negativer geistiger und emotionaler Energie und vor niederen Elementarkräften, die einer Person vielleicht Schaden zufügen wollen, zu schützen.

Wenn du deine geistigen oder spirituellen Fähigkeiten entwickelst, erhöhst du deine Schwingung. Manche Menschen erwecken bestimmte übersinnliche Zentren im Körper, durch die sie sehr sensibel auf bestimmte energetische Frequenzen übersinnlicher Art reagieren. Selbst jene, die zwar spirituelle, aber keine medialen Fähigkeiten entwickeln, werden viel anfälliger für bestimmte energetische Frequenzen und Bereiche, die Schadstoffe enthalten können und die das Streben dieses Menschen nach größerer spiritueller Entfaltung beeinträchtigen könnten. Deshalb muss sich jeder, der sich auf dem spirituellen Pfad befindet, egal ob es um mediale oder spirituelle Entwicklung oder beides geht, bewusst machen, dass er bestimmte Mächte anrufen oder mit Visualisierungen, Ritualen, Talismanen arbeiten muss, um sich vor potenziell negativen Einflüssen zu schützen.

Negative Einflüsse treten in verschiedenen Formen auf. Bei manchen handelt es sich um reine Energie, die das Ergebnis nega-

tiver Gedanken ist oder die auf Geräte zurückzuführen ist, die
starke elektromagnetische Strahlung aussenden: Röntgenstrahlen und Mikrowellen; Naturkräfte, die aus der Erde aufsteigen,
oder Energien, die einfach nicht mit der Energie des Suchenden harmonieren, der sich auf dem Weg der Erleuchtung oder
des spirituellen Erwachens befindet. Diese Energien beeinträchtigen seine Fortschritte, schädigen seinen mentalen und emotionalen Körper, beschädigen seinen ätherischen Körper und
unterbrechen die Verbindung zu den Reichen des höheren spirituellen Potenzials und Bewusstseins. Aber es gibt noch andere Kräfte, die vorsätzlich handeln, sogenannte Elementale einer
niedrigeren Ebene, die sich in diese Dimension verirrt haben
und die sich selbst am Leben zu erhalten versuchen, indem sie
anderen Lebenskraft entziehen. Wie Flöhe hängen sich diese
elementalen Astralpräsenzen an Menschen, die Licht ausstrahlen, und ernähren sich von deren Energie. Oder aber sie ernähren sich von der negativen Energie eines Menschen in Form
von Depressionen, Wut, Hass oder Angst und wachsen durch
diese starken Energien. Es gibt mehr Menschen, als man glauben möchte, an die sich solche Wesenheiten gehängt haben.
Auch mehr Menschen, als man sich vorstellen kann, werden
von diesen Präsenzen direkt negativ beeinflusst. Sie können
durch die Art, wie diese Präsenzen sie verlassen, wenn sie beschließen,»abzuspringen« und sich eine neue Person mit einer
stärkeren Energie und mehr Lebenskraft zu suchen als die Person, die sie gerade ausgelaugt haben, aus dem Gleichgewicht
gebracht werden.

Natürlich gibt es noch andere negative Kräfte in diesem Universum, dunklere Wesenheiten, dämonische Kräfte, und dann
gibt es noch Kräfte, die weniger diszipliniert oder konzentriert,
aber in ihrem Wesen dennoch äußerst negativ sind. Kräfte, die,
ehrlich gesagt, über dein Fassungsvermögen hinausgehen. Kräfte, die eher subtil und weniger bösartig sind, deren Schwingung
sich aber nicht mit deiner verträgt. Und es gibt jene Menschen
auf Erden, die bewusst und absichtlich ihre negativen Gedanken

in Form von geistigen Angriffen oder Flüchen auf andere lenken. Obwohl der Prozentsatz der Menschen, die solche Praktiken ausüben, noch immer sehr gering ist, gibt es jetzt mehr Personen als je zuvor, die diese Art schwarzer Magie anwenden, weil mehr Formeln als je zuvor zugänglich sind. Du siehst also, dass es sehr wichtig ist, dich vor diesen natürlichen negativen Kräften zu schützen, denen du vielleicht in deinem Alltag begegnest, und auch vor jenen Elementalen und negativen Kräften, die vielleicht um dich herum existieren und versuchen, sich von deiner Lebenskraft zu ernähren oder bewusst deinen spirituellen Fortschritt zu untergraben.

Es ist äußerst wichtig, dass du die negativen Kräfte, die dir unter Umständen begegnen, durch deine Angst nicht auch noch stärkst. Du darfst auf keinen Fall Angst haben, vor allem nicht vor den negativen Kräften oder Präsenzen, die dir begegnen. Es ist besser, du konzentrierst dich einfach auf den Schutz und denkst gar nicht daran, worauf du vielleicht triffst oder was jemand tun könnte.

Um dich selbst zu schützen, kannst du natürlich deinen Schutzengel anrufen, deine geistigen Führer, dein Krafttier, deine Vertrauten oder die Aufgestiegenen Meister oder Engel. Solche Invokationen müssen regelmäßig jeden Tag durchgeführt werden, nicht weil du diese Präsenzen daran erinnern musst, sondern weil die Invokation die Energie, die du erbittest, und die Energie, die diese Präsenzen dir zu geben wünschen, fester verankert. Du darfst nie davon ausgehen, dass eine Invokation ein ganzes Leben lang anhält, nicht weil dein Gebet nicht gehört wurde, sondern weil das Gebet und die Invokation an sich die Macht verankern, die du erbittest. Es ist auch wichtig, die Verantwortung für deinen eigenen Schutz zu übernehmen. Jeden Tag auf disziplinierte Weise darum zu bitten bedeutet, dass du die Verantwortung übernimmst, auch wenn du eine höhere Macht anrufst. Davon auszugehen, dass deine Führer oder Schutzengel, die wollen, dass du für das Göttliche arbeitest, deshalb automatisch auf dich aufpassen, ist gefährlich und egozentrisch. Spirituell zu sein bedeutet, zu verstehen, dass man selbst die Verantwortung für sein Wohlergehen übernehmen muss, angefangen bei der Nahrung, die man zu sich nimmt, über die Erholung, die man sich gönnt, bis hin zum Schutz, um den man zu seiner eigenen Sicherheit bittet.

Viele Menschen rufen lieber eine höhere Macht an, die sie beschützen soll, weil sie befürchten, dass ihre eigenen Schutzmaßnahmen nicht ausreichen. Eine höhere Macht anzurufen ist immer empfehlenswert, wenn du nicht so ganz auf deine Verbindung zu deinem geistigen Führer, deinem Schutzengel oder dem entsprechenden Meister, der den Pfad, den du beschreitest, beschützt, vertraust. In diesem Fall kannst du immer um meinen Schutz bitten. Ich bin unter anderem der Erzengel des Schutzes und kann in allen Situationen angerufen werden, **damit** ich einen schützenden Kreis aus feuriger Energie um Menschen, Orte und Situationen lege, der sie behütet und beschützt. Invokationen, egal ob sie mir oder irgendeiner anderen Präsenz gelten, müssen immer ernsthaft durchgeführt werden. Sie dürfen nicht einfach heruntergeleiert werden, sondern müssen auf konzentrierte und entschlossene Weise und mit einer starken Absicht durchgeführt werden. Die Absicht ist es, die eine Verbindung herstellt und die Macht verankert. Es geht nicht um die Worte, die du verwendest, nicht um die Poesie, die du dir ausdenkst, nicht um Latein oder Sanskrit, es geht allein um die Absicht, die dahintersteckt.

Bestimmte Formeln und Kraftworte enthalten starke Schwingungen, die im Laufe der Zeit Gedankenformen gebildet haben, die es ermöglichen, Energie auf sehr kraftvolle und spezielle Weise zu bündeln. Dahinter steht aber immer der Wille des Einzelnen, er ist am wichtigsten und am mächtigsten. Deshalb wirkt ein einfaches Schutzgebet, wie »Erzengel Michael, schütze mich jetzt«, das mit Entschlossenheit und Bestimmtheit gesprochen wird, genauso gut wie viel kompliziertere Rituale oder Visualisierungen.

Es gibt einige, die sich lieber auf ihren eigenen Einfallsreichtum verlassen, um sich zu schützen, und der Geist erachtet das auf keinen Fall als schlecht, sondern vielmehr als bewundernswert.
Es gibt viele verschiedene Arten des Schutzes, die man anwenden kann, angefangen bei Visualisierungen – wobei man sich beispielsweise in ein Ei, das Licht widerspiegelt, oder in einen Umhang aus violetter Energie einhüllt –, bis hin zu Kristallen, die man programmieren und umhängen kann, wie etwa einen Karneol, ein Tigerauge, einen Sugilith, einen Amethyst und so weiter. Man kann auch Kräuter, zum Beispiel Lavendel oder Salbei, verbrennen und in die Aura einer Person einfächeln, um sie mit einer Schwingung aus schützender Energie zu umgeben. Letztendlich kommt es auf die Vorliebe des Einzelnen an, welche Technik ihn am meisten anspricht, was wiederum von seinen früheren Leben sowie seinen spirituellen und religiösen Überzeugungen abhängt.

Man kann nicht sagen, dass eine Form des Schutzes wirkungsvoller ist als eine andere; es kommt immer auf die Konzentration, den Glauben, die Entschlossenheit und die Verbindung des Menschen zu der Macht an, die er anruft. Hat jemand eine Verbindung zu Engeln, dann muss er die Engel anrufen. Hat jemand eine besonders starke Verbindung zum Mineralreich, warum sollte er dann nicht einen Talisman aus Stein benutzen? Wenn sich jemand besonders zu Kräutern und Ölen hingezogen fühlt, dann soll er diese verwenden, um eine Schutzbarriere zu errichten.

Eine äußerst wirksame Form des Schutzes besteht darin, die eigene Schwingung zu erhöhen. Wenn du deine Schwingung erhöhst, erhebst du dich über die negative Energie, die auf dich gerichtet ist. Stelle dir vor, dass du neben einer Leiter stehst und jemand mit einem Gewehr auf dich zielt. Es ist in dieser Position befestigt und die Kugel wird dich treffen. Wenn du jedoch die Leiter erklimmst, bist du außerhalb der Flugbahn der Kugel, sie wird dich verfehlen und du bleibst unverletzt. Nach diesem

Prinzip funktioniert das Erhöhen der Schwingung. Wenn du deine Schwingung erhöhst, erhebst du dich über die negative Energie, die auf dich zusteuert. Negative Energie ist von Natur aus von niedriger Schwingung, obwohl negative Energie auf jeder Schwingungsebene all der Sphären existiert, für die die Einschränkungen dieser Realität gelten. Die negative Energie, die in den höheren Sphären existiert, stammt von negativen Wesenheiten höherer Natur. Obwohl du diesen Wesenheiten vielleicht im Laufe der Zeit begegnen wirst, kannst du die negative Energie, auf die du hier auf der physischen Ebene triffst, im Großen und Ganzen vermeiden, indem du deine Energie in diese höheren Sphären erhebst.

Deine Schwingung zu erhöhen ist sehr, sehr einfach. Alles was du tun musst, ist, positive Gedanken zu haben: Gedanken des Friedens und der Freude, Gedanken der Liebe und Harmonie, Gedanken des Glücks und der Heiterkeit. Konzentriere dich auf etwas, was dich glücklich macht; auf einen Menschen, den du liebst; auf etwas, was dich zum Lächeln oder Lachen bringt; eine Zeit, die du als sehr positiv empfunden hast; ein schönes Bild, ein Bild der Unschuld; Musik, durch die du dich glücklich und befreit fühlst; eine Farbe, die dir Auftrieb gibt. Denke an irgendetwas, durch das du dich positiv, freudig, glücklich, zufrieden, friedlich, erfüllt und erheitert fühlst. Jedes dieser Bilder, jeder dieser Gedanken erhöht deine Schwingung. Nicht auf Dauer, aber doch lange genug, um die negative Energie, der du vielleicht begegnest, abzuwehren.

In deiner physischen Welt gibt es eine Reihe von Regeln, physische, aber auch universelle Gesetze. Eines der universellen Gesetze ist»das Gesetz der Herausforderung«. Dieses Gesetz besagt, dass jede gegnerische Kraft, die stärker ist als die Kraft, die du selbst aufbringst, um sich ihr zu widersetzen, die Barriere zerstört, die du errichtet hast, und in deinen Raum und deine Energie eindringt. Dieses universelle Gesetz, das Gesetz der Herausforderung, berücksichtigen viele Menschen nicht, wenn sie

Techniken zur Errichtung von Schutzwällen anwenden. Grenzen, die mithilfe von Visualisierung, mit Symbolen oder Talismanen, durch Anrufen höherer Mächte errichtet werden, reichen aus, um bestimmten negativen Kräften Einhalt zu gebieten. Doch wenn die negative Energie, die gegen dich gerichtet ist, stärker als die Barriere ist, die du errichtet hast, durchdringt sie diese und dich selbst. Häufig wird dann eine Menge Energie gebraucht, um eine Barriere zu errichten, den Angriff abzuwehren, sich selbst vor ihm zu schützen. Diese Schutzmaßnahmen sind ja schön und gut, aber sie konzentrieren sich auf die negative Energie, die auf dich gerichtet ist, wodurch wiederum deine Schwingung niedriger wird, weil du deine Energie umleitest und dich auf solch bewusste Weise auf diese negative Energie einlässt.

Bei der Methode zur Erhöhung der Schwingung geht es nicht darum, eine Grenze zu errichten. Es geht nicht darum, sich irgendwie auf die Energie einzulassen. Genau gesagt, richtest du dich dabei auf das Gegenteil aus. Statt die Negativität anzuerkennen, darüber nachzudenken, dich darauf einzulassen, konzentrierst du dich darauf, dein Bewusstsein davon weg und in höhere Sphären zu lenken. Du richtest dich auf das Positive aus, auf das Licht, auf etwas, was dich glücklich macht. Weil du dich in keiner Weise auf die Energie einlässt, verhinderst du, dass deine Schwingung niedriger wird. Du investierst keine Energie in das Errichten einer Barriere, die ohnehin durchdrungen werden kann, sondern du erhebst dich ganz einfach über die Situation. Unserer Ansicht nach ist das bei Weitem die beste Art von Schutz: Die Schwingung erhöhen, sich auf glückliche Gedanken konzentrieren, sich aus der Schusslinie begeben.

Wenn die Angriffe in irgendeiner Form andauern, erfordert dies natürlich, dass du die hohe Schwingung ständig beibehältst, was in dieser Zeit nicht immer einfach ist. Die Mehrheit der Angriffe ist jedoch nicht von Dauer. Menschen, die negative Energie auf eine andere Person richten, möchten diese Person damit angreifen. Es ist ein Schlag, ein Strom negativer Energie, der ausgesendet wird. Manchmal werden Flüche ausgesprochen, die verweilen. Sie schweben um einen Menschen herum und warten darauf, dass seine Schwingung niedriger wird, sodass eine Öffnung oder ein Spalt in seiner Aura entsteht. Durch diesen können sie eindringen – aber solche Flüche sind schwer zu erstellen und nur die wenigsten Leute verfügen über das nötige Wissen. Wesenheiten von höherer Natur stellen vielleicht eine Bedrohung dar, wenn sie ständig herumschweben und darauf warten, bis die Person auf die Ebene gerät, auf der sie ihr schaden können. Eine Wesenheit, die nach einem Menschen sucht, den sie auslaugen kann, wäre es sehr schnell leid, darauf zu warten, bis der Mensch endlich auf ihre Ebene sinkt, sondern würde sich wahrscheinlich jemand anderen suchen. Deshalb ist die Methode, deine Schwingung zu erhöhen, besonders gut. Es ist nicht unbedingt notwendig, dass du ständig in diesem hohen Zustand verweilst, aber es ist ein durchaus guter Daseinszustand; daher versuche, ihn mehr in deinem Leben zu kultivieren.

Wir geben zu, dass es in dieser Zeit nicht immer einfach ist, sich eine positive Einstellung zu bewahren. Deine Welt ist sehr hektisch und mitunter ist sie voller Dunkelheit. Es ist sehr einfach, von den Dingen, die du im Radio hörst, im Fernsehen siehst, in der Zeitung liest, und von den Menschen, die du tagtäglich triffst, in diese niedrigeren Schwingungen hinuntergezogen zu werden. Doch die Schwingung zu erhöhen gehört auch zum Pfad in Richtung Erleuchtung und deshalb sollte jeder ohnehin danach streben, wenn er spirituell wachsen möchte. Versuche, jene Dinge zu meiden, von denen du weißt, dass sie dazu führen, dass du dich niedergeschlagen, deprimiert und traurig fühlst. Lies keine Zeitungen, sieh dir keine Nachrichten im Fernsehen an, und wenn doch, dann achte vorher darauf, dass du dich positiv und stark fühlst, dass du voller bedingungsloser Liebe und völlig urteilsfrei bist. Versuche den Menschen, die du triffst und die dich negativ behandeln oder negativ auf dich reagieren, positiv zu begegnen. Bekämpfe Feuer nicht mit Feuer, sondern mit Wasser. Ist jemand aggressiv, sei freundlich, ist jemand voller Hass, sei liebevoll, und ist jemand bösartig, sei sanft und fürsorglich. Durch eine solche Reaktion wird die negative Energie häufig aufgelöst und du fühlst dich hinterher viel wohler.

Da ist noch eine letzte Sache, die ich zum Thema »Schutz« sagen möchte, und zwar: Die Menschen meinen, wenn sie aufsteigen, wenn sie spirituell wachsen, wenn sie erleuchteter werden, müssen sie sich keine Gedanken mehr um die negativen Energien auf den niedrigeren Ebenen machen. Das stimmt nur bis zu einem gewissen Grad. Es gibt Energien auf den niedrigeren Ebenen, die du hinter dir lässt und denen du nie mehr begegnest. Das sind Energien, die aufgrund ihrer niedrigeren Schwingung mit den niedrigeren Ebenen verbunden sind, über die du hinausgewachsen bist. Doch wie schon erwähnt, gibt es in den vielen verschiedenen Schwingungs- und Bewusstseinsebenen, die in deinem begrenzten Universum existieren, immer Schattenbereiche. Der Grund dafür ist, dass es in den Reichen deines begrenzten Universums ein Gesetz gibt, das als »Gesetz der Polarität« bezeichnet wird und besagt, dass dort, wo Licht ist, auch Schatten sein muss. So wie das Licht auf den höheren Ebenen eine andere Qualität hat, hat auch die Dunkelheit eine andere Qualität und manchmal nimmt sie eine völlig andere Form an und ist kaum als solche erkennbar. Auf manchen Ebenen zeigt sich die Dunkelheit weniger im Äußeren als im Inneren. Sie zeigt sich in Form von Furcht, Zweifel, Selbstprüfung. Sie zeigt sich in Form der Herausforderungen, die sich aus unseren Verhaltensmustern ergeben; aus unserer Tendenz, negative Handlungsweisen, die sich von unseren Vorfahren oder Eltern in unseren mentalen oder emotionalen Körper eingeprägt haben, zu wiederholen. Manchmal ist die Dunkelheit nicht immer auf andere Menschen, Elementale oder Dämonen zurückzuführen. Sie entstammt vielmehr unserem eigenen Schatten, unserem eigenen Selbst.

Um uns vor dieser Art von Dunkelheit zu schützen, können wir unsere Schwingung erhöhen. Manchmal ist es aber am besten, auf diesen Schatten einzugehen, um ihn zu transformieren, ihn anzunehmen, ihn aufzulösen. Es ist besser zu erkennen, dass dieser Schatten, dieser Angriff aus unserem Inneren kommt und wahrgenommen werden möchte, sodass wir daran arbeiten und über ihn hinauswachsen können. Auf manchen höheren Ebenen ist die Dunkelheit eine äußerliche Kraft. Sie ist komplizierter, mächtiger und immer da, um uns etwas zu lehren, uns anzuleiten und uns eine Lektion zu erteilen, die wir lernen müssen. Die Dunkelheit, die in unserem Universum, in unserem Geist vorhanden ist, erfüllt durchaus einen Zweck. Sie verfolgt ihre eigenen Ziele: die Erhaltung ihrer eigenen Existenz, indem sie den Mensch in der materiellen Welt verankern und verhindern möchte, dass er das ultimative Ziel – die Vereinigung mit der göttlichen Quelle, individuell und kollektiv – erreicht. Aber auch die Dunkelheit, die Teil des Göttlichen und des göttlichen Plans ist, erfüllt eine Funktion und einen Zweck. Sie soll uns über uns selbst etwas beibringen: über unsere Stärken und Schwächen, unsere Ängste und Hoffnungen, unsere Muster, die wir auflösen müssen, um frei zu sein; über die Herausforderungen, die uns karmisch und in diesem Leben gestellt werden, damit wir unseren Beitrag leisten und von der Welt um uns herum lernen. Es ist wichtig, zu verstehen, dass die Dunkelheit nicht ohne Sinn und Zweck ist, sondern dass sie durchaus eine Aufgabe erfüllt: Sie lehrt uns etwas und fördert unsere Erleuchtung und unser Wachstum.

Was ich dir jetzt zum Abschied hinterlassen möchte, ist ein Gebet. Mit diesem Gebet und dieser Invokation kannst du meine beschützende Energie zu Hilfe rufen, wenn du sie brauchst. Auf den höheren Ebenen kannst du dieses Gebet einsetzen, um meine Präsenz in deinem Inneren anzurufen statt im Äußeren, so wie du das vielleicht auf den niedrigeren Ebenen machst. Da wir alle eins sind, da wir alle vom Göttlichen erschaffen wurden, da das Universum ein Makrokosmos, ein Mikrokosmos und ein

Hologramm ist, existiert alles, was im Äußeren vorhanden ist, auch in unserem Inneren. Wenn du diese Mächte im Inneren anrufst, bestätigst du damit diese Tatsache und du lenkst diese Mächte, die im Äußeren existieren, durch dein Inneres nach außen. Es handelt sich hierbei um eine besonders mächtige Form der Invokation, die du auf den inneren Ebenen benutzen kannst, wenn du auf höhere Ebenen des Bewusstseins und des Wissens aufgestiegen bist.

Gebet

»Ich rufe die Macht und die Präsenz von Erzengel Michael, Erzengel des Südens, Erzengel des Elements Feuer. Held und Krieger Gottes, höre mein Gebet. Erstrahle, beschütze mich und führe mich, sei mein Meister und behüte mich, während ich meinen Pfad des Lichts beschreite. Wehre mit deinem Flammenschwert, mit deinen Flügeln, die als Schild dienen, alle Dunkelheit und alle Missverständnisse ab. Vertreibe alles, was meinen Weg zu verdunkeln sucht. Was meine Worte zu verdrehen sucht. Was meine Wahrheit zu verschleiern, meine Integrität zu entweihen sucht. Beschütze meinen Verstand, beschütze mein Herz, beschütze meinen Körper, beschütze meinen Geist und meine Seele und mache mich durch diesen Schutz frei. Erzengel Michael, ich bitte dich um diese Dinge, lasse sie also geschehen. So sei es. Amen.«

Nimm dieses Gebet an und gehe in Frieden. Wende die hier gegebenen Worte der Weisheit wohlüberlegt und weise an.

Erzengel Michael

Der Engel der Wahrnehmung

M eine zweite Botschaft an euch überbringe ich nicht in meiner Funktion als Engel des Schutzes oder Hüter des Lichts, sondern in meiner Funktion als Lehrer. Denn das Element Feuer ist unter anderem auch das Element der Wahrnehmung. Es ist das Licht, das in der Stirn brennt, das die Dunkelheit der Illusion durchdringt und die Wahrheit hervorbringt. Es gibt uns die Macht, zu erkennen, wahrzunehmen und zu sehen, und genau diese Kunst und Kunstfertigkeit sind es, die deine Welt transformieren. Sie ermöglichen es dir, die Welt durch deine Wahrnehmung der Wahrheit neu entstehen zu lassen. Die Wahrheit, von der ich hier sprechen möchte, ist die Wahrheit in Bezug auf das Wesen der Engel und ihre direkte und enge Verbindung zur Menschheit. Sie sind Wächter und Nephilim-Seelen für die Seelen und Körper des Menschen.

Als Erstes möchte ich kurz den Begriff »Wächter« definieren. In bestimmten biblischen Texten wird er für einen Engel verwendet, der menschliche Gestalt annimmt. In den gnostischen Schriften heißt es, dass die Wächter Engel waren, die auf die Erde gefallen waren und in direktem Kontakt zu den Menschen standen. Anfangs waren sie die Lehrer der Menschen und ihre Führer, später dann hatten sie auch Liebesbeziehungen mit ihnen, wobei sie seltsame Hybridkinder, die man als »Nephilim« bezeichnet, hervorbrachten. Wächter hielt man für Engel, die sich verirrt hatten, auf die Erde gefallen waren und hier nicht gerade ein göttliches Benehmen an den Tag legten. Sie waren keine Usurpatoren, die Anspruch auf den Thron oder die Krone Gottes erhoben, sondern eher fehlgeleitete Wesen, ursprünglich zwar göttlich und übernatürlich, aber mit einer dunklen Neigung. Man hielt sie für sorglose, rücksichtslose und lieblose Wesen, zügellos und völlig außerhalb jeder Kontrolle. Das stimmt natürlich nicht. Engel haben niemals menschliche Gestalt angenommen, indem sie einen Körper für sich selbst manifestierten. Gelegentlich können Engel körperlich in Erscheinung treten, um direkt Kontakt zur Menschheit aufzunehmen. Diese physische Form wird aber nur für eine bestimmte Zeit und nur in Zusammenhang mit einem Wunder benutzt, um Katastrophen abzuwenden oder einen Menschen auf besondere und mächtige Weise zu beeinflussen. Dabei handelt es sich um Ausnahmen, die nur in Übereinstimmung mit dem göttlichen Willen und dem göttlichen Plan erfolgen. Engel haben und werden niemals eine Gestalt für sich selbst auf Erden schaffen. Einige Engel aber haben sich sehr wohl auf herkömmliche Weise als Mensch inkarniert.

Als Mensch zu inkarnieren ist nur niedrigeren Engeln möglich. Höhere Engelgestalten und -frequenzen, Erzengel, Kollektive und so weiter, können ihre enorme Energie und ihr Bewusstsein nicht in eine einzige menschliche Zelle zwängen. Wenn diese Engel inkarnieren, betrifft das nur einen »Aspekt«, das heißt, sie senden einen Teil ihres Wesens, um ein neues höheres Selbst zu erschaffen, das dann unabhängig von ihnen selbst agiert, das aus ihrer Energie geschaffen wurde und als normale Seele inkarniert. Das Ergebnis ist die Inkarnation eines Aspektes des Erzengels, es ist ein Nachkomme dieser Präsenz, ein Verwandter, eine Seele, die aus seinem Wesen und seiner Lebenskraft geschaffen wurde, aber nicht mit ihm identisch ist. Engelaspekte inkarnieren auf sehr ähnliche Weise wie niedrigere Engelformen und unterliegen denselben Einschränkungen, Schwierigkeiten und Problemen. Sie verfügen aber auch über dieselben Kräfte, Fähigkeiten und einzigartigen Charakteristika ihrer Erzengel-Vorfahren, sodass sie ihren Verwandten aus den niedrigeren Ebenen des Engelkontinuums ein wenig überlegen sind. Diese Wesen, die inkarnierten Engel und inkarnierten Engelaspekte, sind das, was man als »Wächter« kennt, Engel, die menschliche Gestalt angenommen haben. Allerdings ist diese Bezeichnung in der heutigen Zeit veraltet.

Die Nephilim sind also keine Wesen, die allein durch die Vereinigung eines inkarnierten Engels und eines inkarnierten Menschen entstanden sind, denn es könnte sehr leicht geschehen, dass das Kind aus solch einer Verbindung in seinem Wesen menschlich ist. Nur weil ein inkarnierter Engel zur Manifestation eines Körpers beigetragen hat, heißt das nicht unbedingt, dass die Seele, die in diesem Körper wohnt, engelhaft ist. Der Körper, der vom inkarnierten Engel miterschaffen wurde, enthält einen Teil der engelhaften Schwingungen, aber der Einfluss des Engels ist minimal und deshalb nicht sonderlich bemerkenswert. Nein, Nephilim-Seelen sind etwas ganz anderes. Eine Nephilim-Seele entsteht, wenn eine Engelskraft etwas von ihrem Wesen und ihrer Energie beiträgt, um ein höheres Selbst zu erschaffen, zu dem auch eine menschliche Seele ihre Energie beisteuert. Eine Nephilim-Seele ist eine Hybrid-Seele, eine Seele, die aufgrund des Zusammenspiels einer Engel- und einer Menschenseele erschaffen wurde. Menschen- und Engelseelen, die aus dem Göttlichen geboren wurden, haben die Fähigkeit, in Übereinstimmung mit den Wünschen Gottes und dem göttlichen Plan gemeinsam Leben zu erschaffen und neue Seelen zu manifestieren. Die Nephilim-Seele ist eine solche Seele, die geboren werden kann.

Die Nephilim-Seelen haben, im Gegensatz zu Engeln, einen freien Willen und doch besitzen Nephilim-Seelen gewisse engelhafte Eigenschaften, Energien und Kräfte, die stärker auf ihren engelhaften Elternteil als auf den menschlichen zurückgehen. Sie sind häufig sehr einfühlsame Wesen. Sie strahlen viel Licht aus, sie haben ungewöhnliche und außergewöhnliche mediale und spirituelle Fähigkeiten und Kräfte, aber ihre Einzigartigkeit liegt vor allem darin, dass sie Energie aufnehmen und bewahren können. Der inkarnierte Geist einer Nephilim-Seele hat eine kraftvolle Schwingung, eine Verbindung aus mentaler und emotionaler göttlicher Energie, aus der Kraft Gottes und der Göttin. Das macht sie zu einem idealen Vehikel – einem idealen Gefäß oder Kanal –, das außerordentlich mächtige Kräfte aufnehmen und halten kann. Nephilim-Seelen dienten von Anbeginn der Zeit als Kanäle für die spirituelle Hierarchie oder als Gefäße für spirituelle Kräfte von großer Macht. Sie sind das Sprachrohr für kosmische Aufgestiegene Meister und hohe Engelformen. Diese Energien übernehmen einige Zeit lang die physische Gestalt der Nephilim-Seelen auf wohlwollende Weise, um das irdische Dasein zu erleben und ihren Beitrag dafür zu leisten.

Diese Fähigkeit, Energie aufzunehmen und zu bewahren, macht die Nephilim-Seelen häufig zu Lehrern, Orakeln, Führern, Heilern oder zu jemandem, der auf die eine oder andere Weise Wunder vollbringt oder einfach als Ankerplatz für Licht, Frieden, Liebe und Wahrheit dient. Viele der Nephilim-Seelen auf der Erde waren früher Lords und Ladys der Ordnung, Menschen, die die machtvollen Träger der Ordnung auf dem Planeten waren, die das Gleichgewicht zwischen Licht und Dunkelheit bewahrten. Nephilim-Seelen sind sich ihres Ursprungs nicht immer bewusst und es kann sein, dass sie sich selbst für ganz gewöhnliche Menschen halten. Sie führen vielleicht ein ganz normales Leben und denken nie bewusst über spirituelle Dinge nach. Unbewusst tragen sie das Licht in sich, mit dem sie wie ein Gefäß gefüllt oder auf das sie ausgerichtet sind, und sie bringen dieses Licht in jeden Bereich ihres Lebens – jedem Menschen, dem sie begegnen, jedem Ort, den sie besuchen – und sie bewahren und verankern das Licht. Manche Nephilim sind sich ihres engelhaften Ursprungs, ihrer Herkunft jedoch bewusst, sie wissen sogar über das Wesen des Engels Bescheid, der zur Schaffung ihrer Seele beitrug. Das Wesen des Engels bestimmt natürlich die Schwingungsfrequenzen des Engelanteils an der Nephilim-Seele und stimmt diese auf eine bestimmte Schwingung ein, sodass sie bestimmte Energiefrequenzen aufnehmen und bewahren kann.

Nehmen wir mich als Beispiel. Ich, Erzengel Michael, habe in der Vergangenheit gemeinsam mit menschlichen Seelen Nephilim-Seelen geschaffen, die als Gefäße dienen. Sie nehmen Energien auf, die in Resonanz und in Einklang mit meinem eigenen Element und meiner Macht sind, um Energien des Lichts und der Erleuchtung, des Erwachens aufzunehmen – Energien von katalytischer und alchimistischer Natur, von schützender, von kämpferischer Natur. Die Nephilim, die *ich* erschaffen habe, *meine* Kinder, die auf der Erde leben und gelebt haben, sind Lehrer, Führer, Anführer, Krieger, Beschützer. Sie weisen anderen durch ihr ausgeprägtes strategisches Vermögen und ihr Wissen um das Wesen des Menschen den Weg. Sie zeigen ihnen, was getan werden muss, damit das Gleichgewicht wiederhergestellt wird, selbst wenn das bedeutet, Gewalt anzuwenden oder andere zu kontrollieren, um durch Krieg für Positivität einzutreten. Die Nephilim, die ich erschaffen habe, bringen den Menschen viel Licht und Verständnis, weil sie in ihrem eigenen Bewusstsein ein Bewusstsein haben, das sie anleitet, verborgene Wahrheiten zu enthüllen und offenzulegen. Die Macht des Feuers, des Lichts, meines Elements, brennt hell in den Gefäßen, die andere große Kräfte ähnlicher Schwingung oder Energie in sich tragen. Diese werden dazu eingesetzt, die Dunkelheit aus deiner Welt zu verbannen.

Warum wurde ich also gebeten, zu diesem Zeitpunkt diese Art von Führung anzubieten? In Wahrheit gibt es mehr Nephilim-Seelen auf deiner Welt als je zuvor, teils weil sich deine Welt in einer Krise befindet, teils weil sich deine Welt einer kritischen Phase der Veränderung nähert. In dieser heiklen Zeit wird viel Licht benötigt, das dafür sorgt, dass die Welt auf ihre Erneuerung und nicht auf ihre Selbstzerstörung zusteuert. Nephilim-Seelen, die Licht und Wahrheit von großer Kraft in sich tragen, können dazu beitragen. Da die Nephilim-Seelen über einen freien Willen verfügen, sind sie nicht so eingeschränkt wie andere Engel, wenn es darum geht, das Bewusstsein des Menschen zu wandeln. Natürlich begrüßt das Göttliche nicht unbedingt Bekehrer oder Bekehrte. Aber wenn ein Mensch sich von ganzem Herzen wünscht, das Bewusstsein eines anderen durch seine Wahrheit zu erweitern, nicht um ihn zu kontrollieren, sondern um ihn wahrhaftig zu befreien, dann widerspricht das dem göttlichen Plan nicht, sondern fördert ihn. Einige der Nephilim in deiner Welt sind zurzeit Ankerpunkte für Macht, Licht und Energie, und sie versuchen, ein zerbrechliches Gleichgewicht auf dem Planeten zu bewahren, während sich der Planet regeneriert. Einige dienen auch dazu, zu erleuchten, zu lehren, zu führen, den Weg zu weisen und ihn zu erhellen.

Viele von euch, die dieses Buch lesen, sind Nephilim-Seelen. Deshalb möchte ich näher auf dieses Thema eingehen, sodass du vielleicht die wahre Natur deines Daseins erkennst und dich diese Erkenntnis befreit. Durch diese Befreiung kannst du deinem wahren Wesen entsprechen und deinen Daseinszweck erfüllen. In der folgenden Beschreibung wird auf allgemeine Weise erklärt, was es heißt, ein Nephilim zu sein. Die Versuchung mag groß sein, diese Beschreibung zu lesen und zu glauben, dass du selbst eines dieser Wesen bist, aber ich möchte sogleich hinzufügen, dass ein Mensch, der eine Nephilim-Seele ist, nicht unbedingt besonders hoch entwickelt, erleuchtet oder fortgeschritten sein muss. Er kann, wie jeder andere Mensch auch, Karma auf sich laden und er muss sich auf die übliche Weise entwickeln, um erleuchtet zu werden. Dazu muss er sein wahres Selbst befreien und die Verhaltensmuster ablegen, die seinem Bewusstsein während all seiner früheren Inkarnationen von der Gesellschaft, der Kultur und ihren Eltern aufgezwungen wurden.

Es gibt keine Abkürzung, die die Nephilim-Seelen aufgrund ihrer Herkunft nehmen können. Denke deshalb gut nach, wenn du diese Beschreibung liest, und achte darauf, ob sie wirklich auf dich zutrifft und eine echte Resonanz in dir auslöst oder ob es dir nur um den egozentrischen Wunsch geht, etwas Besonderes zu sein. Sucht man Erleuchtung, so muss man ehrlich zu sich

selbst sein. Wenn wir uns in unseren Bestrebungen und Bemühungen selbst täuschen, weil wir etwas Besonderes sein möchten – etwas, was wir als etwas Besonderes betrachten, das wir
in Wahrheit aber nicht sind –, dann tun wir uns selbst und unserem spirituellen Pfad nichts Gutes.

Wie bereits erwähnt, sind Nephilim-Seelen für gewöhnlich sehr
einfühlsame, sensible Wesen, die für die Emotionen der Menschen und der Welt um sie herum sehr empfänglich sind. In jungen Jahren fällt es ihnen oft schwer, mit ihrem Einfühlungsver-
mögen umzugehen, was zu Schwierigkeiten und Problemen
führen kann. Sie sind in gewissem Maße engelhaft und androgyn, sodass sie sich vielleicht nur schwer mit einem bestimmten Geschlecht identifizieren können. Es kann sein, dass sie
übersinnlicher und medialer veranlagt sind als die meisten anderen. Wenn sie ihre mediale Veranlagung und ihre heilerischen
Fähigkeiten entwickeln, werden sie feststellen, dass sie große
Mengen an Energie mit hoher Schwingungsfrequenz und -reich-
weite aufzunehmen und zu übertragen fähig sind. Sie werden
feststellen, dass sie als Medium in unglaubliche Schwingungs-
bereiche aufsteigen können, um enorm hohe Weisheits- und
Wahrheitsfrequenzen zu nutzen.

Es kann sein, dass sie lange Phasen in ihrem Leben durchlau-
fen, in denen sie das Gefühl haben, nicht sie selbst zu sein, in
denen sie beinahe das Gefühl haben, sie würden ihren Körper
mit einer anderen Präsenz teilen. Vielleicht glauben sie dann,
sie würden von einem anderen Bewusstsein, das nicht ihrer
eigenen, wahren Natur entspricht, geführt. Sie werden vielleicht an Orte oder zu Menschen geführt und angeleitet, Dinge
zu sagen, zu unterrichten und über Themen zu sprechen, über
die sie gar nicht allzu viel zu wissen glauben. Sie haben vielleicht das Gefühl, dass ihr Leben einen ganz bestimmten Sinn
und Zweck erfüllt, als würden sie ständig dazu angeleitet, die
Menschen zu unterrichten und zu führen, ihren Weg zu erhellen und sie zu heilen. Für gewöhnlich verfügen Nephilim-See-

len über außerordentlich viel Energie und Licht und wirken daher auf Menschen der Dunkelheit ebenso wie auf Menschen des Lichts sehr anziehend. Und häufig empfinden sie eine starke, wenn auch undefinierbare Verbindung zum Göttlichen, das Gefühl, ein Priester oder eine Priesterin für diese Präsenz zu sein, das Gefühl, eine Brücke zu sein, über die diese Präsenz mit der Menschheit Kontakt aufnehmen und kommunizieren kann. Sie haben einen Sinn für das Heilige und wahrscheinlich ein starkes Gefühl, eine große Verantwortung zu tragen. Sie wollen Gutes tun und haben häufig einen ausgeprägten Gerechtigkeitssinn.

Nephilim-Seelen führen nicht unbedingt ein angenehmes oder bequemes Leben. Sie müssen hart daran arbeiten, sich den Energien zu öffnen, die in ihnen fließen und wirken, und sie müssen sich ausreichend erden, damit es ihnen gelingt, das Licht zu leiten. Außerdem müssen sie alle anderen Aspekte des menschlichen Daseins leben, wenngleich es gewisse Bereiche geben mag, die voll Zauber oder Segen sind. Wenn sie ihrer wahren Bestimmung folgen, werden sie bemerken, dass die Dinge ausgesprochen gut für sie laufen, aber wenn sie versuchen, Umstände zu erzwingen, von denen sie in ihrem Inneren wissen, dass sie ihnen nicht entsprechen, dann geraten die Dinge ins Stocken und es wird schwierig. Sie verfügen über einen freien Willen und können deshalb selbst bestimmen, ob sie dem Fluss folgen oder nicht, aber es gibt auch einen Teil in ihnen, der für einen bestimmten Zweck erschaffen wurde, und tief in ihrem Inneren wissen sie, dass das so ist.

In den alten gnostischen Texten wurden die Nephilim als Riesen beschrieben. Die Nephilim sind energetisch betrachtet zwar Riesen, aber nicht physisch. Sie wurden als wütende, mächtige Hybriden beschrieben, als raubgierige Monster, die Chaos und Zerstörung hervorrufen. Es stimmt schon, dass die Nephilim große Macht haben, und weil sie über einen freien Willen verfügen, können sie entscheiden, ob sie diese Macht für das Licht oder die Dunkelheit einsetzen. In der Vergangenheit hatten die Menschen Angst, wenn sie einem Nephilim begegneten, und zwar wegen des enormen Lichts, das er in seinem Inneren trug und das er nach Gutdünken einsetzen konnte. Doch man muss sich vor den Nephilim nicht fürchten. Sie sind einfach ein weiterer Teil in der Vielfalt göttlicher Schöpfung.

Zum Schluss meiner Botschaft geht es nicht so sehr um die Nephilim, sondern vielmehr um die Natur der Schöpfungen Gottes. Im göttlichen Plan sind alle gleich. Alle spielen eine Rolle, alle erfüllen eine Funktion. Alle sind Teil des Uhrwerks. Keine Person oder Seele ist wichtiger als irgendeine andere, gleichgültig, von welcher Ebene oder Dimension sie stammt. Es wäre gut, wenn sich die Menschheit daran erinnerte, dass es so ist. Einen anderen Menschen um seine Herkunft zu beneiden ist lächerlich und unangebracht, da jeder Einzelne zur Erfüllung des göttlichen Plans auf Erden unerlässlich ist. Vergiss das nicht. Jeder Einzelne von euch ist einzigartig und wichtig und wird gebraucht, um am göttlichen Geschehen auf dieser Welt mitzuwirken.

Nimm dieses Wissen an und nutze es weise und wohlüberlegt für dich selbst und für andere. Ich verabschiede mich jetzt und hinterlasse dir Liebe, Wahrheit und Licht.

Erzengel Gabriel

Der Engel des Elements Wasser

Was die Menschen häufig vergessen, ist, dass die Schaffung eures Universums nicht auf der physischen, sondern auf einer höheren Ebene, in den sieben Sphären, begann. Dort kristallisierten sich die Energie und die Absicht des göttlichen Wunsches, die physische Realität zu manifestieren, nach und nach heraus, bis sie sich schließlich als Raum und Zeit manifestierten, die ihr als eure Realität kennt. Was ihr ebenfalls häufig vergesst, ist, dass wir Engel schon lange vor dem Anfang der Zeit existierten. Wir wurden geschaffen, um den Schöpfungsprozess zu unterstützen, und später erhielten wir kleinere Aufgaben, auf die wir unsere Absicht und unser Licht konzentrierten. Als das Multiversum erschaffen wurde, übertrug man mir, Gabriel, die Aufgabe, mich auf die Astralsphäre zu konzentrieren und dafür zu sorgen, dass die Entstehung dieser Dimension und dieses Bewusstseins in Übereinstimmung mit dem göttlichen Willen erfolgte. Die Astralsphäre ist ein Spiegel der physischen Dimension. Sie ist die zweite Sphäre, sie ist der Bauplan, der Schatten, der Vorklang der physischen Welt, in der du lebst. Wie einige von euch vielleicht wissen, führen die sieben Sphären, wozu auch die physische Sphäre, euer Universum zählt, hinauf zum Göttlichen. Jede Sphäre ist wiederum in sieben Reiche unterteilt und zwischen jeder Sphäre existieren ebenfalls sieben Reiche. Ich möchte hier nicht auf die Beschaffenheit der sieben Sphären eingehen, nicht einmal auf die sieben Unterbereiche der Astralebenen. Ich möchte eher allgemein darüber berichten, wie die Astralwelten, die ich beaufsichtige, beschaffen sind, und darüber, inwiefern sie für deine physische Dimension im Hier und Jetzt von Bedeutung sind und welche Verbindung zwischen diesen Bereichen besteht.

Es ist schon viel über die Astralebenen und die Fähigkeit des Menschen, durch Projektion dorthin zu reisen, gesagt worden. In den vergangenen Jahren haben verschiedene Channel die Botschaft verbreitet, dass die Astralebenen verschwinden, wenn eure physische Welt in höhere Frequenzen und Schwingungen aufsteigt. Es stimmt zwar, dass irgendwann in der Zukunft, wenn alles in Übereinstimmung mit dem göttlichen Willen abläuft und euer Universum aufsteigt, die sieben Sphären allmählich verschmelzen und eins werden, sodass die Erde zum Himmel aufsteigen und der Himmel zur Erde herabsteigen kann. Aber so weit ist es noch nicht. Es stimmt, dass bereits versucht wurde, einige der niedrigeren Ebenen des Astralreichs zu räumen – jene Ebenen, in denen sich alles Erdgebundene befindet. Diese Ebenen gehören eher zur ersten Sphäre als zur zweiten, auch wenn sie häufig als »astral« bezeichnet werden. Auf eurer Erde wurde eine Säuberungsaktion durchgeführt, um jene zu befreien, die sich verirrt haben. Dazu gehören nicht nur die erdgebundenen Geister, die den Weg nach Hause in die spirituelle Welt nach dem Tod nicht gefunden haben, sondern auch jene Wesenheiten der Astralebene, die aus irgendeinem Grund in eurer Sphäre festsitzen und sich nichts mehr wünschen, als den Weg nach Hause, in ihre eigene Dimension zu finden. Die Wesenheiten sind durch Öffnungen und Löcher, Risse im Gewebe der Realität gefallen, sodass sie auf dieser Ebene gelandet sind, ohne hier sein zu wollen, auf einer Ebene, die ihnen fremd ist, in der sie nur zu überleben versuchen, bis sie wieder nach Hause finden. Oft handelt es sich um einfache Wesen, die sich von Energie ernähren (ihre Aufgabe in der Astralwelt ist es, diese von verschmutzenden Energien zu befreien). In dieser Dimension können diese parasitären Wesenheiten Probleme verursachen, wenn sie sich an Menschen hängen, um sich von deren negativer Energie und manchmal auch von deren positivem

Licht zu ernähren. Sie haben aber keine bösen oder schlechten Absichten, sondern handeln einfach nur instinktiv. In ihrer heimatlichen Dimension erfüllen sie eine wichtige Aufgabe, während sie hier wie ein Vampir jene aussaugen, die über viel Macht, Dunkelheit oder Licht verfügen.

Die Wunden und Löcher in den Schleiern, die die einzelnen Reiche trennen, haben verschiedene Ursachen. Dazu gehören Energien, die jetzt von der Menschheit willkürlich erzeugt werden, ohne dass sie weiß, welchen Schaden sie den feinstofflichen Welten damit zufügt: Elektromagnetismus, Radioaktivität, Mikrowellen, Röntgenstrahlen und so weiter, sowie jene Energien, die bewusst von der Menschheit erzeugt werden, um durch die Dimensionen zu reisen und die Grenzen der Zeit überschreiten zu können. Solche Experimente finden seit Beginn des 20. Jahrhunderts ohne Wissen der Öffentlichkeit statt. Es gibt einiges, das getan werden kann und das auch getan wird, um die Spalten und Risse im Gewebe der Realität auszubessern, und zwar sowohl von jenen, die hier in der physischen Dimension leben, als auch von denen, die in den feineren Dimensionen leben. Meine Brüder und Schwestern, die Cherubim und Seraphim, werden später davon sprechen, was getan werden kann, um diese Wunden zu heilen, die zum Teil nicht nur durch technische Strahlungen verursacht werden, sondern auch durch die disharmonischen Emotionen der Menschen, deren Handeln und Verhalten ungerecht sind und im krassen Widerspruch zum Willen und zur rechtschaffenen Natur Gottes stehen.

Die Astralebenen sind ein Spiegel, sie sind wie ein See, der über dem Himmel existiert. Sie spiegeln das wider, was sich hier in der physischen Dimension abspielt, und sie spiegeln der physischen Dimension auch jene Dinge wider, die hier stattfinden sollen. Sie dienen dazu, die Wünsche und Sehnsüchte der spirituellen Hierarchie und der göttlichen Quelle zu manifestieren, und sie ermöglichen es den Menschen, ihre Träume und Wünsche zu manifestieren. Natürlich gibt es in bestimmten Unterbe-

reichen der Astralreiche Bewohner, die viel komplexer und zi-
vilisierter als jene Astralwesen sind, die ich bereits erwähnt
habe. So wohnen beispielsweise die Elementalwesen im Astralreich. Sie haben sich großteils aus der physischen Dimension zu-
rückgezogen und ziehen es vor, jetzt die Astralebenen zu bewohnen, von wo aus sie ihren Pflichten in Bezug auf die Erde
nachkommen, die ihnen von Anbeginn der Zeit an von der göttlichen Quelle übertragen wurden.

Wie manche von euch wissen, sind die Elementarwesen vor
langer, langer Zeit in die Astralebenen geflohen, als sie mit dem
Entstehen der christlichen Religion immer mehr als Ausdruck
Satans betrachtet wurden, statt als die natürlichen Bewohner
und Manifestationen des göttlichen Bewusstseins auf dem Planeten. Sie beschlossen, sich durch einen Zauber in die Astralwelten zu erheben, die parallel zur physischen Dimension verlaufen. Sie löschten die Erinnerung der Menschheit an ihre
Existenz aus und blieben nur in der Erinnerung jener Priester
und Priesterinnen, jener weisen Männer und Frauen bestehen,
die sich in Einklang mit der mächtigen, magischen Natur ihrer
Welt befanden.

Die Astralsphäre ist eine komplexe Sphäre von Energien, die in
Wechselbeziehung zueinander stehen. Sie ist ein Ort der Manifestation, ein Ort der Kommunikation und Verbindung, auf den
sich der göttliche Wille konzentriert, um seine Omen, seine Zeichen, seine Symbole und seine Botschaften in Träumen, Meditationen und im physischen Dasein der Suchenden zum Ausdruck zu bringen. Sie ist ein Ort, in der sich Vergangenheit,
Gegenwart und Zukunft überschneiden; ein Ort, an dem die
Wahrheit enthüllt und Erkenntnisse gewonnen werden können.
Doch so wie die Astralsphäre die höheren spirituellen Tugenden
und Fähigkeiten der Menschheit widerspiegelt, so spiegelt sie
auch die Verwirrung und die trügerische Seite der Menschheit
wider und einige der niedrigeren Ebenen des Astralreichs sind
Ebenen der Illusion. Die Sphären sind auf komplexe Weise mit

dem Bewusstsein des Menschen verbunden. Es stimmt schon, dass es sich dabei um andere Dimensionen handelt – um andere Reiche, andere Länder innerhalb des Multiversums –, aber man findet sie auch im Mikrokosmos des Menschen in Form der verschiedenen Bewusstseinszustände wieder, in die er eintreten, auf die er sein Bewusstsein einstimmen kann. Jedes Lebewesen, das auf der Erde existiert, hat Teile in sich, die sich in alle sieben Sphären erstrecken, und wenn ein Mensch sein Bewusstsein auf eine Sphäre einstimmt, dann verbindet er sich mit jenem Teil von sich selbst, um etwas über diese Ebene zu erfahren. Die Astralprojektion ist also in Wirklichkeit keine Projektion, sondern ein Sich-Einstimmen auf den Astralkörper, der bereits im Astralreich wohnt. Die Ebene, auf der der Astralkörper wohnt, hängt wie bei den anderen Körpern, die in den anderen sieben Sphären existieren, von der Art der Schwingung des Menschen ab. Der Astralkörper kann auf eine höhere Ebene emporsteigen oder auf eine niedrigere herabsinken, je nachdem ob sich der Mensch in diesem Leben weiterentwickelt oder nicht.

In den niedrigeren Ebenen des Astralreichs sind die Botschaften und Wahrheiten verzerrt; die Führung, die angeboten wird, ist oft verwirrend. Die niedrigeren Ebenen des Astralreichs stellen das Unterbewusstsein der Menschheit dar und sind ein Wirrwarr von Gedanken, Gefühlen, Eindrücken, Emotionen, Vorstellungen und Wahrheiten. Sie sind ein Lagerhaus für mentale Bilder und Eindrücke. Sie sind die Müllhalde der Astralebenen, wo sich alle Gedanken und Gefühle manifestieren. Wenn sich ein Mensch astral nur auf diese Ebene der Astralsphäre einstimmt, dann sind die Eindrücke und Botschaften, die er empfängt, durch dieses Wirrwarr verunreinigt und die Botschaften, die er erhält, sind nicht nur durch sein eigenes Bewusstsein, sondern auch durch den Einfluss des Bewusstseins der Menschen um ihn herum verfälscht, stark verunreinigt und verzerrt. Deshalb erhalten Channel, die sich nur mit dieser Ebene verbinden, manchmal klarere Informationen, und manchmal auch sehr unklare

Informationen. Das hängt davon ab, von welchen Menschen sie umgeben sind. Wenn sich ein Channel nur auf diese Ebene einstimmt, dann kann es auch sein, dass er gar nicht mit einer echten Präsenz kommuniziert, sondern mit einer Gedankenform oder einer negativen Wesenheit, die die Form der Präsenz angenommen hat, mit der sich der Suchende verbinden möchte.

Medialität, Hellsichtigkeit und Channeln können deshalb mitunter gefährlich sein und es ist sehr wichtig, dass das Medium, der Hellsichtige und das Channel ihr Möglichstes tun, um sich selbst zu reinigen und ihre Schwingung zu erhöhen, bevor sie versuchen, auf irgendeine Weise mit höheren Wesenheiten zu kommunizieren.

Dies unterliegt ebenfalls meiner Verantwortung und deshalb will ich dir zeigen, wie du meine Energie und Macht nutzen kannst, um dich selbst zu reinigen. Ungeachtet deiner persönlichen Voraussetzungen kann dir das folgende Ritual helfen, dich von Zeit zu Zeit von geistigem und emotionalem Müll, von Eindrücken, von Verunreinigung, von Negativität, die dich durchdrungen hat, weil du bestimmten Menschen, Orten oder Situationen ausgesetzt bist, von Gedankenformen und Emotionen, die aufgrund äußerlicher Einflüsse in dir aufsteigen, von Energien, auf die du an physischen Orten, die du bereist, triffst, zu reinigen. Diese einfache Form der Reinigung und Säuberung ist sehr wirksam, sehr alt und sehr stark, weil dabei archetypische Symbole benutzt werden, die seit dem Anfang der Zeit eingesetzt werden.

Ritual

Setze dich zunächst bequem hin. Sorge dafür, dass du nicht gestört wirst. Mache den Anrufbeantworter an; dämpfe das Licht im Raum; zünde eine Kerze an, wenn du möchtest, und verbrenne etwas Räucherwerk. All das hilft dir, dich zu entspannen und deinem Selbst bewusst zu machen, dass du jetzt in einen meditativen Zustand eintrittst. Schließe deine Augen. Atme langsam und ruhig und entspanne dich. Richte deine Aufmerksamkeit auf dein Herzzentrum und stelle dir beim Atmen vor, dass das Prana, das du aufnimmst, dein Herzchakra erblühen lässt. Die goldenen Fragmente des Pranas in der Luft, die durch deine Absicht deinem Herzen zugeführt werden, bringen das Herz wie eine Rose zum Erblühen. Das Chakra vibriert und pulsiert in sanftem rosafarbenen Glanz und Licht. Während du atmest, nimmt die Kraft des rosafarbenen Lichts zu und dehnt sich immer mehr aus.

Stelle dir jetzt vor deinem geistigen Auge vor, dass die Rose, die Blüte in deinem Herzzentrum, in der Schale eines Kelches liegt, der in deinem Inneren entsteht. Die Schale ist groß, breit, tief, der Stiel des Kelches ist stabil, sein Fuß ist breit und standfest. Der Kelch kann für dich anders aussehen und es kann sein, dass er für jede Person, die ihn visualisiert, aus einem anderen Metall, aus Stein oder einem ganz anderen Material ist. Er kann verziert und geschmückt oder ganz schlicht und einfach sein. Der Kelch steht für das Wesen deines Geistes, deines Bewusstseins, des Teils von dir, der das Fenster oder die Öffnung darstellt, durch die das Licht deiner Seele leuchtet. Mach dir keine Sorgen, wenn du feststellst, dass dein Kelch verbeult, beschädigt oder schmutzig ist. Ist das der Fall, dann wird diese Übung dazu beitragen, dies zu beheben, obwohl es in erster Linie darum geht, die mentalen und emotionalen, feinstofflichen Körper energetisch zu reinigen und neu auszurichten.

Stell dir jetzt vor, dass von weit oben ein Wasserfall aus glitzerndem Licht auf deinen Kopf herabfällt und durch dein Kronenchakra und die ätherische Wirbelsäule, den zentralen Energiekanal, in die Blume in der Schale des Kelchs, in den Kelch selbst und um ihn herum strömt. Das Wasser ist von Licht erhellt, es ist mächtig, klar, hell und leuchtend. Es vibriert vor Stärke und Energie. Der Kelch füllt sich und das Wasser läuft über. Es strömt durch die Meridiane deines Körpers, durch die Blutgefäße und Adern. Es fließt die Energiekanäle entlang und wird durch das Wirbeln deiner Chakren verteilt, wie Wasser, das von den Flügeln einer Windmühle abgeschüttelt wird. Es fließt durch Muskeln und Organe, über und durch die Haut, durchdringt und durchtränkt alles. Das Wasser ist erfüllt vom Licht deines eigenen Herzzentrums, dem Licht deiner eigenen Absicht, die gereinigt und geläutert werden soll. Das Wasser, das um dich herum und durch dich hindurchfließt, dringt tief in die Erde unter dir ein, wo es von der Mutter weggeholt und in Licht umgewandelt wird. Es wäscht negative emotionale Energie und negative Gedankenformen weg, es reinigt und säubert dich von negativen Präsenzen, die sich vielleicht an dich gehängt haben, von Schatten, Eindrücken und Projektionen, die dir vielleicht zu schaden versuchen. Während du unter dem mächtigen, belebenden Wasserfall, der direkt aus meinem Herzen kommt, sitzt, wirst du gereinigt und gesäubert, energetisiert und belebt, mit Licht und Leben erfüllt.

Wenn der Wasserfall schließlich zu strömen aufhört, nimmst du etwas anderes in deinem Herzen wahr. Der Kelch und die Blume machen Platz für den Mond. Der Mond ist rund, voll, silbrig und hell. Er leuchtet und schimmert in vollkommenem, reflektiertem Licht. Er leuchtet mit dem Licht deiner Seele, das von oben auf dich herabfällt, wie die Sonne, die nach einem heftigen Regenguss wieder hervorkommt. Das Licht ist sanft und hüllt alles ein, es strömt durch deinen Körper, genau wie zuvor das Wasser. Es besänftigt den Sturm der Reinigung und erfüllt alles mit sanfter Stille und mit Frieden. Es ersetzt die verloren gegangene Energie, die verschwundene negative Energie, durch positive Energie, die dich jetzt stärkt und nährt. Dein ganzer Energiekörper erstrahlt in silbernem Licht und du bist erfüllt von dieser unglaublich hellen und mächtigen Schwingung.

In diesem Augenblick kann es sein, dass du Führung erhältst, dass jene Dinge, die dir unklar waren, jetzt klar werden, dass deine Bedenken in Bezug auf die Beziehungen, die du geknüpft hast, sich jetzt als wahr oder falsch herausstellen. Das silberne Licht hilft dir, dich mit einem höheren Reich innerhalb der Astralsphäre zu verbinden, wo du Führung erhältst, die von den hierarchischen Reichen des Geistes kommt und es dir ermöglicht, die Omen und Zeichen des Göttlichen zu erkennen und wieder in Einklang mit deinem Lebenszweck und Lebensweg zu sein. Lasse diese Visualisierung nach einer Weile los und atme langsam und ruhig. Komm wieder zurück in diese Realität, aber nimm dir Zeit, um dich zu erden und zu zentrieren, bevor du zu den normalen Aufgaben des Alltags zurückkehrst.

ENDE DES RITUALS

Die Astralebene ist, ebenso wie das menschliche Bewusstsein, ein Wirrwarr vieler verschiedener Dinge. Manche ihrer Reiche sind sicher und mächtig, wie die Reiche der Elementale, während andere Ebenen chaotisch sind. Die Astralebene ist eine Zwischensphäre, das heißt, sie wird benötigt, damit gewisse Dinge ihren Weg hier auf die Erde finden, sich manifestieren und als Bewusstsein, Inspiration und Ideen empfangen werden können. Wenn sich das Bewusstsein der Menschheit klärt, dann wird auch die Astralebene wieder ausgeglichener und ruhiger. Dieses Klären und Reinigen, das auf der Astralebene erfolgt, dient nicht nur dazu, die erdgebundenen Seelen ihrem Ziel zuzuführen oder die verirrten Bewohner der Astralsphäre zu befreien, sondern auch dazu, die negativen und verwirrten Gedankenformen, die sich in den niedrigeren Ebenen dieser Sphäre durch die Verwirrung der Menschheit angesiedelt haben, zu reinigen. Je mehr der Geist und der Mensch daran arbeiten, diese Ebene zu reinigen, desto mehr spiegelt sich dies im Bewusstsein der Menschheit wieder. Es wird klarer und freier von ihrer Verwirrung, ihrer Geschichte, ihren Vermutungen und ihren Täuschungen, Lügen und Unwahrheiten. Und umso mehr spiegelt jeder Mensch das Licht seines höheren Selbst, des Göttlichen, der göttlichen Quelle wider.

Abschließend möchte ich noch Folgendes sagen: Meine Macht erstreckt sich in viele verschiedene Richtungen. Ich bin der Engel der Geburt. Ich bin der Bote. Ich rege deine mediale Entwicklung und deine Intuition an. Ich überbringe emotionale Heilung und ich bin ein Lehrer des Herzens, aber ich bin auch der Hüter der Traumreiche, in die jeder von euch eintritt, während er schläft. Das Traumreich wird genau wie alle anderen Reiche der Astralebenen dazu genutzt, Wahrheit zu verbreiten; Wahrheit aus höheren Sphären und Wahrheit aus Bereichen deines eigenen Unterbewusstseins, um dich von ungewollten und unnötigen Gedanken zu reinigen und um dir Führung von deinen geistigen Führern und Beschützern in den Reichen der Engel und Aufgestiegenen Meister zukommen zu lassen. Das Reinigungsritual, das ich dir zum Geschenk gemacht habe, kann vor dem Einschlafen angewendet werden, damit du tief und gut schlafen kannst; es spült Gedanken fort, die dich daran hindern, in dieses Reich einzutreten. Schlaf ist wichtig, nicht nur weil er dir Gelegenheit bietet, zu lernen und dich mit Wissen, Licht und Wahrheit zu verbinden, sondern weil sich der Geist in diesem unbewussten Zustand wieder mit der Seele verbindet, was für das Fortbestehen des Geistes im irdischen Körper unerlässlich ist. Nur jene, die sich mit ihrem höheren Selbst auf vollkommene und erleuchtete Weise verbunden haben, brauchen nicht zu schlafen – alle anderen müssen das sehr wohl.

Vielleicht möchtest du diese Übung vor dem Einschlafen durchführen, aber noch eine kleine, zusätzliche Visualisierung hinzufügen. Am Ende, wenn du mit dem reflektierenden Licht des Mondes erfüllt bist, denke daran, dich mit deinem Krafttier zu verbinden. Es kann sein, dass sich ein Tier von selbst zeigt. Für gewöhnlich handelt es sich um ein Wassertier, obwohl es auch ein Vogel sein kann, der sich auf dem Wasser ausruht oder darin schwimmt. Dieses Tier ist dein Krafttier, das dich im Traum begleitet. Es kann sich dir mit einem Namen oder einfach als Bild zeigen, aber sobald du es gesehen und gespürt hast, kannst du es herbeirufen und es wird dich in den Astralwelten führen. Es ist ein Wesen der Astralebenen, dessen Aufgabe es ist, jene zu führen und zu beschützen, die durch diese Bereiche wandern, aber es nimmt eine Gestalt an, die denjenigen vertraut ist, die diese Reiche betreten. Es verbündet sich mit bestimmten Menschen, folgt ihrem Ruf und hilft ihnen, egal, ob sie die Astralebenen durch bewusste Meditation oder im Schlaf betreten. Es gibt Antworten auf Fragen, erfüllt Wünsche und hilft unterbewusste Probleme zu lösen, die auf den tieferen Ebenen des Geistes geklärt werden müssen. Die Form und Gestalt des Krafttiers hängt natürlich mit der Art deiner Arbeit in den Astralreichen zusammen. Die Energie des Krafttiers interpretierst du mit den üblichen Mitteln, das heißt, du erforscht, welche Medizin oder magischen Eigenschaften diesem Tier zugeschrieben werden.

Dies ist eine bedeutende Zeit, denn das Bewusstsein der Menschheit und die Energie auf der Erde wandeln sich. Es ist wichtig, dass du jetzt die Mechanismen deines Universums verstehen lernst und mit dem Geist arbeitest. So hilfst du, dass diese Übergänge und Veränderungen stattfinden können. Die Astralebene ist deiner Dimension sehr nahe. Sie wurde durch die Menschheit verunreinigt und muss jetzt gesäubert werden. Die Säuberung der Astralebene wird dazu beitragen, die Entwicklung und Evolution der Menschheit zu fördern. Etwas, was du vielleicht regelmäßig, entweder in einer Gruppe oder allein machen möchtest, ist, das violette Licht in die Astralebene zu bringen, es auf deiner Reise im Schlaf mitzunehmen oder das violette Licht in die Astralebene hineinzuprojizieren, wenn du dein Bewusstsein dorthin spiegelst. Wenn du meine reinigende Kraft anrufst, kannst du darum bitten, dass sie als ein Kanal zur Verfügung steht, durch den diese Reinigung und die Reinigung mithilfe der Violetten Flamme in die Astralreiche gehaucht wird, sodass du deine Aufgabe als ein Medium für diese Säuberung erfüllen kannst.

Das Universum war nicht immer so, wie es jetzt ist, und wird nicht immer so bleiben, wie es jetzt ist. Veränderung, die einzig wahre Konstante, treibt alles voran, zwingt alles, sich weiterzuentwickeln, und die sieben Sphären unterliegen dieser Veränderung genauso wie die physische Dimension. Aber damit diese

Veränderungen stattfinden können, müssen wir Hand in Hand arbeiten, um diese Reiche zu säubern, die eines Tages zu einem einzigen verschmelzen werden, und wir müssen die Verantwortung für die Verunreinigung übernehmen, die wir manchmal verursachen. Die Verantwortung für deine Welt und die Welten, mit denen sie in Verbindung steht, zu übernehmen, ist Teil des spirituellen Wachstums, ist Teil der Erkenntnis, dass du ein Mitschöpfer innerhalb dieses göttlichen Plans bist und das heilen kannst, was deine Vorfahren beschädigt haben.

Schreite also in Wahrheit und in Liebe voran, nutze die Weisheit unserer Worte und setze sie wohlüberlegt ein. Hand in Hand können wir unsere Welt in Liebe und Frieden neu erschaffen.

Erzengel Gabriel

Der Engel der Verkündigung
Eine Weihnachtsbotschaft

I ch bin Erzengel Gabriel, Erzengel des Westens und des Wassers, Erzengel der Träume, Erzengel der Ozeane und alles Anmutigen und Fließenden. Für viele bin ich der Erzengel der Geburt, weil ich es war, dem aufgetragen wurde, Maria die Geburt Jesu anzukündigen. Tatsächlich verbindet man mich schon viel länger mit den Mächten der Geburt, schon seit Atlantis, wo ich als Schutzherr der königlichen Familie des Wassers die Aufgabe hatte, die Priester dieser königlichen Familie in die Mysterien und alten Wahrheiten der Geburt auf den spirituellen und physischen Ebenen einzuweihen und auf Erden die ersten Hebammen auszubilden.

Ich melde mich zu Wort, um einerseits über die Geburt, andererseits aber auch über Botschaften und Boten zu sprechen. Denn zu dieser Zeit im Jahr denkt und glaubt ihr mehr an Engel als zu irgendeiner anderen Zeit im Jahr, wohl wegen der Rolle, die die Engel dabei spielten, die Botschaft von Jesu Geburt zu verbreiten. Engel existieren seit dem Anfang der Zeit. Als Teil Gottes war es immer unsere Aufgabe, uns um die Menschen und die Welt zu kümmern, und häufig wurden wir auf den Planeten Erde gesandt, um göttliche und mächtige Geheimnisse und Wahrheiten weiterzugeben, die der Menschheit in ihrer Weiterentwicklung halfen. Wir haben ursprünglich jene Künste und Praktiken gelehrt, die du jetzt als Magie, Philosophie, Astrologie, Geometrie, Numerologie, Heilung, Architektur und Kunst kennst. Aber manchmal war es auch unsere Aufgabe, den Menschen Prophezeiungen zu verkünden, um sie vor dem, was geschehen würde, zu warnen. Wir waren die Vorboten, die den Weg für wichtige Ereignisse und Menschen ebneten, die das Schicksal der Menschheit zu verändern kamen. Ein solcher Anlass war natürlich die Geburt von Jesus. Ich wurde als Engel der Geburt auserkoren, Maria diese Botschaft zu überbringen, und zwar nicht als Gebot, sondern als Frage, ob sie bereit dazu wäre, als Gefäß zu dienen, durch das sich diese Geburt manifestieren könne. Ich wurde angewiesen, Maria klar darzulegen, was von ihr erwartet würde, wie sie und ihre Situation von anderen und von ihrem Mann beurteilt werden würden, welchen Kummer und Schmerz, welches Leid und welche Sorgen, aber auch welche Freuden und Wunderdinge sie erleben würde.

Solche Zukunftsvisionen, solche großen und großartigen Vorhersagen über ihr Kind, egal wie erschreckend und inspirierend, waren nichts weiter als Träume. Maria war eine weise Frau, die selbst in diesem zarten Alter über die Mysterien der göttlichen Mutter unterrichtet war und wusste, dass Prophezeiungen, selbst wenn sie von einem Engel gemacht wurden, nicht unbedingt wahr werden würden. Schließlich ist der freie Wille des Menschen sehr mächtig. Natürlich dachte sie zunächst an sich selbst und die Rolle, die sie spielen würde – nicht nur an die Empörung, die sie ertragen müsste, sondern auch daran, welche Fähigkeit und Geschicklichkeit es erfordern würde, ein derart mächtiges Kind aufzuziehen und auf sein Schicksal vorzubereiten. Maria nahm diese Pflicht und Verantwortung mutig auf sich. Sie war sich voll und ganz bewusst, was es heißt, das heilige Gefäß zu sein, durch das dieses große und mächtige Wesen wieder auf die Erde kommen und die große und mächtige Energie des Christuslichts in die Welt hinaustragen würde. Obwohl sie also wusste, was geschehen würde, nahm sie diesen Vorschlag, diese Einladung, an und machte sich bereit, ein Kind des Lichts zu empfangen.

Solche Ereignisse, die einen Wendepunkt für die gesamte Menschheit darstellen, die sich sowohl physisch als auch energetisch auf allen Ebenen auswirken, erzeugen Echos und Wellen, die sich in der Zeit nach vorn und zurück ausbreiten. Obwohl der 24. Dezember vielleicht nicht genau der Geburtstag Jesu ist, öffnen sich die Menschen den Echos dieses großen Ereignisses, weil sie sich zu dieser Zeit bewusst auf dieses Ereignis konzentrieren. Für manche ist das Ganze natürlich nichts weiter als eine Geschichte, eine Fabel und ein Märchen, das mit hübschen Bildern auf Weihnachtskarten dargestellt wird. Aber dennoch spüren diese Menschen bis zu einem gewissen Grad die Wellen und Echos dieses mächtigen Augenblicks und werden von der Hoffung und dem Licht, das er damals wie jetzt ausstrahlt, erfüllt. Denn die Vergangenheit ist nicht vorüber. Jeder Augenblick der Zeit hat für immer seinen Platz in der Ewigkeit und deshalb hat das Licht, das sich von diesem Augenblick an ausbreitete, auch jetzt noch Macht – eine Macht, die man willkommen heißen und nutzen kann, um zu inspirieren und zu erbauen, um Hoffnung und Freude zu schaffen, damit die Menschheit erkennen möge, dass sie nicht allein ist, sondern immer von der Präsenz des Göttlichen begleitet wird.

Manche Menschen sagen, dass die Geburt dieses Meisters, dieses Messias heutzutage nicht mehr relevant ist, denn in dieser modernen Zeit, in der die Welt ein globales Dorf geworden ist, hat der intelligente Mensch erkannt, dass nicht eine einzige Religion die Vorherrschaft hat, sondern viele verschiedenen Religionen nebeneinander existieren. Sie sagen, dass es nicht eine einzige Wahrheit gibt und ein solches religiöses Ereignis nicht so viel Bedeutung hat. Wichtig seien vielmehr die allgemeinen Werte, an die man sich zu dieser Weihnachtszeit erinnert. Obwohl das stimmt, ist es auch wahr, dass der Kern dieser Mysterien und Lehren, diese Macht und Präsenz, die Bedeutung der Geburt dieses Kindes nicht nur für das Christentum bedeutend sind, sondern weit darüber hinausstrahlen. Sie sind im Herzen und im Kern jeder Religion zu finden und etwas, was jeder Mensch zu dieser Zeit aufgreifen kann, um sein Leben mit Freude und Licht zu erfüllen.

Die Geburt Jesu bedeutete Hoffnung und war die Erfüllung eines Prinzips, das vor langer, langer Zeit seinen Anfang genommen hatte – die Geburt der Hoffnung in Zeiten der Dunkelheit, das Auftauchen von Licht in der Finsternis der Nacht, die Geburt des verheißenen Kindes mitten im tiefsten Winter. Ein Licht, das uns daran erinnert, dass es immer Hoffnung und Führung und Liebe gibt, die von der Quelle, dem Schöpfer allen Lebens, dem Göttlichen stammen. Ein Licht, das Erkenntnis und Wissen bietet, Erleuchtung und Wahrheit, durch das Beispiel, das es uns gibt, durch das Wesen seines Seins, durch seine leuchtende Präsenz und seinen Wunsch, dem Weg zu folgen, der ihm vom Göttlichen vorgegeben wurde. Wir können uns den Echos einer solchen Energie öffnen und sie willkommen heißen, wenn wir ein Bild von der Geburt Christi betrachten, jedes Mal, wenn wir ein Weihnachtslied singen. Immer wenn wir uns auf den Kern dieser Weihnachtsgeschichte konzentrieren, können wir uns mit dem Licht des Meisters Jesus und der Christusenergie verbinden, mit der heiligen Familie und den Opfern, die sie für die ganze Welt brachte, um das Wesen und die Verkörperung des Lichts, die Lehren und die Liebe Gottes hervorzubringen.

Das Prinzip, das dieses einzigartige und sehr berühmte Ereignis charakterisiert, findet man in vielen verschiedenen Religionen wieder, zum Beispiel auch in der alten »heidnischen« Religion Englands. Denn nach dieser Religion gebärt zu dieser Zeit im Jahr die Göttin ein Kind der Verheißung – genauer gesagt zwei Kinder, die zum einen sie selbst und zum anderen ihren Mann darstellen, der sich selbst geopfert hat, um dem Land Leben zu schenken. Diese Kinder der Verheißung wachsen heran und werden die Reinkarnation ihrer Eltern – das Kind des Lichts, der Sohn, wird zum Eichenkönig und die Tochter wird die Göttin des Frühlings und des Sommers. Dieser ständige Zyklus der Geburt von Licht und Leben hilft uns, in uns selbst ein Gefühl des Fließens, der Anmut, des Vertrauens, dass das Licht immer und ewig auf die Dunkelheit folgen und uns aus dem Schatten in das Licht der Wahrheit führen wird, zu erneuern. Und so wie der unaufhörliche Zyklus der Jahreszeiten, spiegelt diese Geschichte auf ihre eigene Weise die Geburt Jesu wider. In beiden Fällen handelt es sich um Mysterien, wobei eines auf der physischen Ebene stattfindet und das andere eine transzendente Oktave in den spirituellen Welten ist. Und das setzt sich auf der ganzen Welt fort, denn es gibt tatsächlich Orte, andere Religionen und Kulturen, die auf ihre eigene Weise die Geburt des Lichts in Zeiten der Dunkelheit feiern und die Präsenz und die Macht des Göttlichen anerkennen, wenn die Welt in Not ist.

Es ist also zur Weihnachtszeit wichtig, dass du dich öffnest und das Echo dieser Liebe empfängst und diesen Moment nutzt, um dich uns, dem Reich der Engel, zu nähern. Denn wenn sich das menschliche Bewusstsein auf die Existenz solcher Wesen konzentriert, werden Tore und Portale geöffnet, durch die die Engel einen besseren Zugang zur Welt und zur Menschheit haben als je zuvor. Und plötzlich kann unsere Präsenz wahrgenommen und gesehen, unser Licht und Leben und Lachen gespürt werden. Und wir können uns unter Männern und Frauen bewegen, so wie wir es früher taten, können auf vollkommene Weise gesehen und erlebt werden. Während du eine Weihnachtskarte betrachtest, singe Lieder über Engel, konzentriere dich auf meine Rolle in der Weihnachtsgeschichte und öffne dich der Tatsache, dass es uns gibt. Damit bekräftigst du erneut, dass du nicht allein bist.

Meine Weihnachtsbotschaft an dich lautet: Ich bin der Engel der Geburt und ich bin bei der Geburt jedes Menschen anwesend. Daher bin ich auch beim Tod allen Lebens anwesend, denn der Tod ist ebenfalls eine Wiedergeburt, und da ich der Geburtshelfer für dieses Leben bin, bin ich auch der Geburtshelfer für das Leben danach. In meiner heutigen Botschaft geht es nicht um den irdischen Tod, sondern um Tod und Wiedergeburt der Seele, wozu es kommt, während du durch das Leben reist und dich ständig darum bemühst, deine Existenz und den Sinn dahinter zu verstehen, während du nach innen und nach außen reist, um das Wesen deiner Evolution zu verstehen, die Rolle, die du dabei spielst; während du versuchst, zu wachsen, dich zu entfalten, mehr zu werden, als du bereits bist. Diese Geburt, dieser Tod, der Tod der Unwissenheit, die Geburt der Erkenntnis, ist ein ständiger Prozess, der mir bewusst ist und an dem ich teilhabe. Darüber spreche ich heute also, diese Botschaft bringe ich dir.

Weihnachten, das am Ende deines Jahres stattfindet, ist eine dunkle Zeit, was die Natur betrifft, und für manche kann es eine dunkle Zeit des Herzens sein. Erschöpft von den Anstrengungen, die du während des vergangenen Jahres unternommen hast, ist es verständlich, dass du diese Zeit stressig und schwer findest. Und doch handelt es sich dabei nur um die Wehen der Wiedergeburt, denn das neue Jahr bringt Hoffnung in die Herzen vieler Menschen. Es ist wie eine leere Seite, die vor dir liegt und auf die du alles schreiben kannst, um jene Dinge wiedergutzumachen, die du getan hast und die dir das Gefühl geben, des Lichts und des Lebens und der wahren Lehren, die du vertrittst, nicht würdig zu sein. Es bietet dir unendliche Möglichkeiten, zu wachsen und deine Macht mit mehr Zurückhaltung, Feingefühl, Sanftheit und Liebe auszuüben.

Nimm diese dunkle Zeit wahr, aber spüre gleichzeitig, wie der Stern in deinem Herzen aufgeht, das Licht Jesu, das geboren wird. Sei dir bewusst, dass damit etwas fortgesetzt wird, das schon zuvor stattgefunden hat und das immer wieder auf vielerlei Weisen stattfinden wird, und dass du ein Teil dieser Kette, dieser Verbindung bist. Dass du zu jeder Weihnachtszeit, wenn du dein Herz dem wiederkehrenden Licht öffnest, ebenfalls wiedergeboren wirst – als Erlöser und Messias deiner selbst und des Mikrokosmos, den deine Welt darstellt. Bekenne, dass du Teil dieses Weihnachtswunders bist und entscheide jedes Jahr, wie sehr du dich der Geburt des Lichts, das dein Inneres durchdringt, hingeben willst. Sei dir der Schwierigkeiten und auch der Liebe, die das mit sich bringt, bewusst.

Wie ich einst Maria diese Botschaft überbrachte, so überbringe ich sie jetzt dir. Du stehst an der Schwelle zu einem neuen Jahr und du hast die Wahl. Wirst du dich öffnen und im Licht wiedergeboren werden, um im vollen Bewusstsein voranzuschreiten und die wahre, essenzielle Natur deiner Göttlichkeit zu verbreiten? Und wie weit wirst du dabei gehen? Wie sehr wirst du vertrauen und dann annehmen, dass es genauso viel Dunkelheit wie Freude zu erleben gibt? Um deine Entscheidung treffen zu können, ist es wichtig, dass du die einfache Wahrheit kennst, die ich Maria mitteilte und die ihr den Mut und die Stärke gab, zu tun, was sie tat. **Du bist nicht allein**, du warst nie allein und wirst es nie sein. Du bist immer von der liebevollen Präsenz des Göttlichen umgeben und das Göttliche bittet dich nie um mehr, als du imstande bist zu tun. Du kannst es anrufen, dich darauf stützen, dich darauf verlassen, dass es dir Hilfe und Beistand leistet, die du vielleicht brauchst, um deinen Weg durchzustehen und dabei das Licht der Liebe und der Transformation zu finden.

Heute haben wir über alte und mysteriöse Dinge gesprochen, die vielleicht auf den ersten Blick einfach erscheinen. Diese Einfachheit ist ein Zeichen ihrer Göttlichkeit, ein Zeichen der tiefen Wahrheit, die ihnen zugrunde liegt. Nimm alles, was hier gesagt wurde, an, und nutze es weise und wohlüberlegt, um im Lichte zu wachsen.

80

Erzengel Melchisedek

Der Engel der Vereinigung

Ich bin Melchisedek, der Leib Gottes, Erzengel der Vereinigung, die Brücke, die das grenzenlose Raum-Zeit-Kontinuum, in dem Gott wohnt, und das begrenzte Universum, das du deine Heimat nennst, verbindet. Ich wurde vor allen anderen Engeln, die in deinem Universum existieren, erschaffen, geboren aus der Gnade und Herrlichkeit des Göttlichen, um das Tor für die Erschaffung der Engel zu sein, die auf dieser Seite des Schleiers existieren. Engel, wie die Cherubim, die Seraphim, die Elohim und Metatron, die Stimme Gottes, wurden vor mir in der grenzenlosen göttlichen Zeit erschaffen, aber ich war der erste Engel, dessen Füße im begrenzten Raum baumelten; der Atem in ein Universum hauchte, in dem die Zeit messbar ist; der die Realität kennen lernte, wie sie jetzt ist. Selbst Luzifer, der Engel des Lichts, wurde durch mich geboren und all jene, die ihm folgten: Michael und Raphael, Uriel und Gabriel, Azrael – all die Engel, die das Kontinuum von Licht und Leben bilden, die die Elemente des Daseins hüten, die über die Energien und Bewegungen der Realität wachen, über die Dimensionen, die gemeinsam das Universum ausmachen, in dem du lebst.

Die Menschheit sieht Engel im Lichte ihres eigenen Bewusstseins. Sie hat ein Klischee geschaffen, wonach es Engel nur in der christlichen Religion gibt. Als Erweiterungen der grenzenlosen göttlichen Quelle sind wir natürlich nicht auf eine einzige Religion beschränkt, so wie die Menschheit das oft sieht, und man hat uns im Laufe der Geschichte und der religiösen Entwicklungen viele Namen und Gesichter gegeben. Aber zur gegenwärtigen Zeit versteht man uns als Wesen mit Flügeln und Heiligenschein, mit menschlichen Formen und Charakterzügen. Im Grunde genommen sind wir natürlich nicht so. Wir sind Bewusstsein, Energie, Licht, die vollkommene, sich ständig verändernde, geometrische, energetische Erscheinung und Gestalt des Göttlichen in seiner makellosesten und reinsten Form. Ich bin kein Mensch, ich bin kein Priester mit Flügeln und einem leuchtenden Heiligenschein oder einer Aura aus Licht. Ich bin eine Intelligenz, eine bewusste Energie, die Raum, Zeit und Realität überbrückt. Ich bin eine Kraft, durch die sich das Licht des Göttlichen in Form des Kontinuums der Engel hier in dieser allumfassenden Realität manifestiert. Ich bin ein Tor, ein Fenster, eine Öffnung, eine Brücke. Ich bin Melchisedek, der Engel der Vereinigung.

Von Zeit zu Zeit projiziere ich meine Energie, mein Bewusstsein, meine Intelligenz, meine Essenz auf die Erde, um mit der Menschheit über jene Dinge zu kommunizieren, die mein Spezialgebiet sind, die den Kern meines Wesens ausmachen. In Übereinstimmung mit dem göttlichen Auftrag berühre ich den Geist und die Herzen der Menschen, um ihnen die Bedeutung der spirituellen Vereinigung für ihre Weiterentwicklung und ihr spirituelles Wachstum näher zu bringen. Zurzeit zeige ich mich entsprechend den Erwartungen des Menschen als Mann mit vielen Flügeln, umgeben von Licht, mit Symbolen, die jenen, die mich wahrnehmen können, die Essenz meines Wesens veranschaulichen sollen. Meine Symbole sind der Regenbogen, der wie ich eine Brücke darstellt und auch meine Funktion als Prisma, durch das das Licht Gottes in das Engelkontinuum strahlt, versinnbildlicht, sowie der Kelch und das Brot, Symbole der physischen Kommunion oder Vereinigung. Diese Symbole stehen nicht nur für meine Funktion als Engel der Vereinigung in Bezug auf die Menschheit, sondern auch in Bezug auf meine engelhaften Brüder und Schwestern, denen ich das Manna der himmlischen Sphären überreiche, das Licht und die Macht Gottes, auf

dass sie es nutzen mögen, um Gottes Wunder hinab auf die Erde
zu bringen. Ich überbringe diese Gnade; und diese Symbole gelten nicht nur für das Kontinuum der Engel, das durch mich versorgt wird, sondern auch für die Menschheit, weil Gott ihr durch
mich Wissen und Macht übermittelt.

Die Vereinigung ist eine der großen Mysterien, eines der großen
Geheimnisse, eine der großen Wahrheiten. Wie alle großen Mysterien und Wahrheiten war auch dieses Mysterium zu einer bestimmten Zeit ein Wissen, das allen als ihr universelles und spirituelles Erbe bekannt war. Erst als die Menschheit sich
entwickelte und entfaltete, begann sie Wissen abzuspalten und
den Zugang dazu zu begrenzen, sodass aus diesem universellen Erbe Mysterien, geheime, heilige Wahrheiten wurden, die
den Massen, dem gemeinen Volk immer nur teilweise offenbart
wurden. Das Mysterium der Vereinigung ist einfach und gleichzeitig unergründlich. Die Vereinigung ist eine Gelegenheit, bei
der sich die Menschheit an ihre enge Verbindung mit der göttlichen Quelle erinnern kann. Eine Gelegenheit, bei der sich die
Menschheit auf das Göttliche ausrichten kann, bei der sich die
Menschheit darum bemüht, ihr Bewusstsein zu erweitern und
wie eine Blume zu öffnen, um Licht, Intelligenz, Führung, Liebe und die nährende Weisheit Gottes zu empfangen, damit sie
sich nach und nach daran erinnert, wie sie diesen Zustand der
Einheit beibehalten kann, der einst ihr natürlicher Zustand war.

Dass Trennung, Individualität, Isolation die Geißel der Menschheit, der Fluch der menschlichen Existenz sein sollen, ist nur
eine Illusion. Vergessen ist das wahre Übel, die Unfähigkeit der
Menschheit, zu glauben, dass sie der Wahrheit würdig ist, dass
sie selbst göttlich ist, dass sie eins ist mit der Quelle. Das klingt
einfach. Sich zu erinnern ist einfach. Dieses Bewusstsein wach-
zurufen, nachdem man das entsprechende Wissen empfangen
hat, sollte ein Kinderspiel sein, doch die Menschheit ist jahr-
hundertelang darauf konditioniert worden, zu glauben, dass sie
nicht würdig ist, dass sie nicht göttlich ist, dass sie nicht in Ver-

einigung und Verbindung mit dieser großen und unendlich reinen Quelle stehen kann, dass sie voller Sünde und Unrecht ist, dass sie schlecht und arm ist, dass sie das dunkle Spiegelbild ihres vollkommenen Ursprungs ist. Diese falsche Auffassung ist von Menschen vertreten worden, die versucht haben, die Massen zu kontrollieren, indem sie eine Religion erschufen, die die Menschheit von Gott entfremdet und ihnen ihr Erbe und ihre Macht raubt. Die Wahrheit war immer vorhanden, aber mittlerweile ist sie verborgen, unterdrückt von Tausenden von Jahren der Fehlinformation und des Fehlverhaltens, und deshalb muss die Menschheit jetzt, im neuen Zeitalter, im 21. Jahrhundert, im Wassermannzeitalter, zur Wahrheit geführt werden und die große Bedeutung der Vereinigung erkennen.

Als das Tor, das zum Licht des Göttlichen führt, habe ich in vergangenen Zeiten viele Dinge für die Menschen verkörpert, etwa das Wesen und die Natur des Geistes in den frühen Dynastien von Atlantis, wo ich meinen Priestern und Priesterinnen die Geheimnisse meines Wesens und meiner Wahrheit mitteilte. Wie alle Engel bin ich im Grunde ein Elementarwesen, das heißt, ich bin ein Bewusstsein, das eine umfassende Realität verkörpert, die Realität der Vereinigung und der spirituellen Existenz. Was mich ausmacht, sind die Mysterien, die an die Priester und Priesterinnen von Melchisedek weitergegeben wurden. Diese wurden angewiesen, sich von der königlichen Familie des Geistes, deren Schutzherr ich ursprünglich war, zu lösen, nachdem Erzengel Azrael die Schutzherrschaft übernommen und ich andere Funktionen und Aufgaben bekommen hatte. Die Priesterschaft von Melchisedek bestand weiter und verbreitete meine Mysterien auf dem Kontinent von Atlantis. Sie wurde von mir so geführt, dass sie die große Zerstörung überleben und die Wahrheiten schützen konnte, die ich ihr übergeben hatte, die Rituale und Erkenntnisse, die teilweise dunkel waren und von den Bewohnern von Atlantis geschaffen worden waren, um unvorstellbare Zerstörung über die Welt zu bringen. Den Priestern und Priesterinnen von Melchisedek wurden solch dunkle Artefakte anvertraut, da ich wusste, dass sie und nur sie allein über genug Licht verfügten, um die Welt vor diesen Dingen zu beschützen, die nicht vernichtet, sondern nur unter Kontrolle gehalten werden konnten.

Beladen mit diesem Erbe, überlebten sie, veränderten in den darauf folgenden Jahren Form und Gestalt, und sie bildeten den Orden der Violetten Robe und wurden später zu den Tempelrittern. Sie veränderten sich, ihr Wesen und ihre Art und machten die Menschen glauben, dass sie von ihnen geschaffen worden waren, während sie in Wahrheit immer existiert hatten. Sie passten sich unter Anwendung ihres Listenreichtums, ihrer mysteriösen und magischen Kräfte ihrer Umgebung an. Die Kirche, die die Tempelritter förderte und von ihrem alten Erbe wusste, übernahm sie und band sie ein. Sie wusste um die Mächte und Mysterien, die sie besaßen, und um den Schaden, den sie anrichten konnten, wenn diese Wahrheiten ans Tageslicht kämen; sie förderte sie, gab ihnen ein Heim, schützte sie. Die Tempelritter wussten, dass die Mysterien des Göttlichen der Welt noch nicht enthüllt werden durften, und waren zufrieden damit, beschützt zu sein und ein wachsames Auge auf jene werfen zu können, gegen die sie sich im Laufe der Zeit stellen müssten, um der Welt wieder die Wahrheit zurückzubringen. Aber die Kirche hatte andere Absichten. Sie wollte die Tempelritter zerstören und die Mysterien ihrer Wahrheit für immer verbergen. Obwohl die Tempelritter in ihrer klassischen Form zerstört wurden, blieben ihre Mysterien erhalten, wurden weitergegeben, beschützt und versteckt. Die Tempelritter existieren bis zum heutigen Tag in einer anderen Form.

Das Wissen von Melchisedek besteht weiter und wird nicht nur auf diesen Seiten weitergegeben, sondern auch von anderen Channels, Propheten und Lehrern. Sie verbreiten das Wissen um die heilige Numerologie und Mathematik, die sich als universelle Sprache eignen, um die heilige Geometrie mit ihrer engen Verbindung zum Göttlichen und wie man diese beiden Dinge verbinden kann, um die Menschheit aus den künstlichen Beschränkungen der Zeitrechnung befreien und der kosmischen Zeitrechnung näher bringen und dem größeren spirituellen Erbe ihrer eigenen, angeborenen göttlichen Macht öffnen zu können. Ja, es gibt noch andere, die über die Mysterien, über das Gewebe und die Struktur, das Wesen des Universums sprechen, in dem wir leben: die Blume des Lebens und die Merkabah, das Lichtvehikel, das als Keim in der Aura und den feinstofflichen Körpern aller Menschen existiert. Es kann als ein Lichtwagen erweckt werden, der die Menschen zurück zum Göttlichen führt, wenn sie ihr Bewusstsein weiterentwickeln und Adam und Eva Kadmon in ihr Energiesystem herunterladen, um den verfälschten Bauplan ihres eigenen Wesens zu korrigieren. Ja, das sind Mysterien, von denen man spricht, aber heute werde ich nicht darüber sprechen. Das Mysterium, von dem ich sprechen möchte, habe ich bereits zu Beginn erwähnt, es ist das Mysterium der Vereinigung.

In dieser Zeit erlebt die Welt zwar ein neues Erwachen der spirituellen Wahrheit, aber es gibt noch immer viele, die sich verirrt haben, die den Weg zurück zum Göttlichen oder zur Wahrheit, dass sie in ihrem Inneren selbst göttlich sind, nicht finden. Vereinigung ist die Lösung. Uns selbst auf Gott auszurichten, die Axiallinien zu stärken, die universalen Meridiane, die uns mit dem Gewebe, dem Netz, dem Stoff des Lebens und damit mit dem göttlichen Ursprung verbinden. Das Manna des Himmels zu empfangen, Gottes nährende Hand durch diese enge Verbindung zu spüren, wenn wir unsere Herzen öffnen und zulassen, dass sich in unserem Inneren der Funken des Christusfeuers entzündet, der uns zu unserer Seele zurückführt und durch die Gnade des Maitreya zur göttlichen Quelle.

Die Vereinigung in Form der heiligen Kommunion, bei der Brot und Wein das Fleisch und das Blut Christi symbolisieren, ist nicht notwendig. Eine Vereinigung findet immer statt, wenn jemand betet, wenn jemand dem Göttlichen seine Aufmerksamkeit schenkt, beispielsweise indem er eine Hymne singt oder ein Sanskrit-Mantra rezitiert. Die Vereinigung oder Kommunion gibt es nicht nur in der christlichen Tradition, sie kommt in unterschiedlicher Form in jeder Religion vor. Vereinigung bedeutet, dass man am Wesen des Göttlichen teilhat, dass unser Bewusstsein mit dem göttlichen Bewusstsein verschmilzt, dass wir unser Herz und unseren Geist öffnen, um wie ein Gefäß mit dem Licht unserer Quelle gefüllt zu werden, und uns daran erinnern, dass wir im Grunde selbst göttlich sind. Die Vereinigung folgt dem Gesetz der Resonanz. Wir schwingen in Einklang mit dem Göttlichen, weil unser Wesen selbst göttlich ist, weil wir aus dem Göttlichen geboren wurden und Gott in uns tragen. Wenn der göttliche Ton gespielt wird, wenn das göttliche Licht durch diese Vereinigung hervorströmt, wie immer dieser Akt aussehen mag, schwingt der göttliche Ton in uns selbst mit dieser Kraft und die zwei Töne verschmelzen zu einem. Wir sind auf unsere Quelle ausgerichtet und auf sie eingestimmt. Wir sind erfüllt, wir sind gestärkt, wir sind geheilt, wir sind mit unserem spirituellen Pfad, unserem höheren Selbst, unseren Führern und Schutzengeln, der göttlichen Quelle, dem Grund, warum wir existieren und warum wir hier sind, verbunden und wir werden an unsere wahre Natur erinnert.

Einen Zustand der Einheit herbeizuführen ist nicht schwierig, obwohl es natürlich, wie bei allen Dingen, verschiedene Ebenen der Vereinigung gibt: die Vereinigung des Körpers, die Vereinigung des Verstandes, die Vereinigung des Herzens, die Vereinigung des Geistes und der Seele. Sie alle hängen von der Einstellung ab, mit der wir diese Vereinigung herbeiführen, und manchmal auch von der Methode, die wir anwenden. Um welche Art von Vereinigung auch immer es sich handeln mag, die Verbindung zu halten ist das Schwierige daran. Ein Zustand der Einheit mit dem Göttlichen ist für die meisten Menschen auf der Erde zurzeit bestenfalls eine flüchtige Erfahrung. Im Laufe der Zeit und mit ständiger Übung, durch tägliche Hingabe, kann der Mensch sein Bewusstsein und seine Seele steuern, sodass er zunächst eine lockere Verbindung zum Göttlichen aufrechterhalten kann. Diese wird mit der Zeit immer stärker, bis der Mensch voll und ganz in Gleichklang mit seiner Quelle und in einem ständigen Zustand der Vereinigung und Einheit ist. Diesen Zustand, diesen Daseinsmodus nennt man »Einheitsbewusstsein«, »Erleuchtung«, »Nirvana«, »Wonne«, und er ist Teil des Aufstiegsprozesses, der zur völligen Transformation der Identität führt, zur Rückkehr zum wahren Selbst.

Meine Botschaft heute lautet nicht, dass du nach der Erleuchtung streben sollst, denn sie ist mehrere Schritte entfernt und es gibt andere Voraussetzungen neben der Vereinigung, die du erfüllen musst, um erleuchtet zu werden oder aufzusteigen, wie etwa die Auflösung des Karmas und die Erfüllung der Aufgabe, für die du hier bist. Nein, in meiner Botschaft erkläre ich dir, wie du dich täglich selbst an deine Göttlichkeit erinnern und deine irrige Auffassung, ein »unwürdiger Mensch« zu sein, abschütteln kannst. Ich bin gekommen, um dir dieses Ritual, diese einfache Übung, zu übergeben.

Ritual

Schaffe einen geeigneten Raum für das Ritual der Vereinigung und nimm dir genügend Zeit dafür. Suche dir einen Platz, an dem du nicht gestört wirst und der dir ein Gefühl der Ruhe vermittelt, egal ob es sich dabei um ein Schlafzimmer, ein Wohnzimmer oder sogar um eine Küche handelt. Du benötigst die traditionellen Symbole der heiligen Kommunion: ein Glas oder einen Kelch mit Wein, Wasser oder Fruchtsaft und ein kleines Stück Brot oder einen Keks – etwas, was man essen kann; etwas, was man zerteilen kann. Du kannst auch andere Symbole hinzufügen, die für den Regenbogen stehen: ein Bild oder einen Kristall mit einem Regenbogen im Inneren oder ein Bild von mir. Wenn du möchtest, kannst du auch eine Kerze in tiefem Magentarot oder in Regenbogenfarben anzünden, die meine Präsenz und meine Energie verkörpert. Du kannst etwas Räucherwerk mit einer hohen Schwingung, wie etwa Weihrauch, anzünden oder ruhige Musik spielen, obwohl das nicht unbedingt nötig ist. Setze dich vor die Objekte, die du vor dir ausgebreitet hast. Beruhige dich, atme langsam und tief. Sprich dieses kurze Gebet, um mich mit meiner Aufmerksamkeit und Präsenz in deinen Bereich zu rufen.

»Lord Melchisedek, Erzengel der Vereinigung, große Quelle von Licht und Liebe und Wahrheit, Leib Gottes, Brücke zum Göttlichen, Meister der Mysterien des spirituellen Reichs, ich rufe deine Präsenz und Macht an. Tritt in mich ein, tritt in meinen Raum ein, halte die Verbindung, die in meinem Bewusstsein und meinem Herzen zwischen mir und Gott besteht, aufrecht, damit die göttliche Liebe fließen kann und ich an meine eigene Göttlichkeit erinnert werde. Durch diese Vereinigung möge ich eins werden und durch dieses Einssein wachsen. Ich öffne mich jetzt wie eine Blume, um Gottes Licht durch deine Gnade zu empfangen.«

Strecke deine Arme, mit den Handflächen nach oben seitlich aus und neige deinen Kopf leicht nach hinten, so als würdest du an die Decke blicken. Schließe deine Augen. Visualisiere, wie sich die Chakren deines Körpers wie Blumen öffnen, die das Licht des Sommers empfangen, und visualisiere hoch über deinem Kopf eine große Öffnung im Äther, durch die ein enormer Strom an strahlend weißem Licht herabströmt. Das weiße Licht fließt in dich und in deine Opfergabe hinein, in das Brot und in den Wein. Es strömt in deine Chakren hinein, durch die Meridiane deines Körpers hindurch und in die feinstofflichen Bereiche deiner Aura hinein, bis du ganz im göttlichen Glanze erstrahlst. Dann kommt ein Augenblick, in dem ihr – du und dieses Licht – eins werdet. In dem du kein Licht mehr empfängst, das vom Himmel auf dich herabströmt, sondern in dem du und das Licht zu *einer* Substanz verschmolzen seid, in dem du das Licht bist, in dem du das Göttliche und ich bist, in dem es nur Einheit gibt. Verweile einen Augenblick in diesem Zustand, lasse das Licht des Göttlichen deinen Geist und dein Herz durchdringen, deine

Ängste und Probleme, deine Sorgen, deine Schmerzen, deinen Kummer und dein Leid verbrennen, deine Gedanken erhellen, dich inspirieren und Synchronizitäten in dein Leben bringen. Lasse es die Unebenheiten auf deinem Lebensweg beseitigen, dich darauf ausrichten, wo du sein musst, was du tun musst und wozu du hierher gekommen bist. Nach einer Weile in diesem Zustand lasse das Licht zurückweichen, in dem Wissen, dass du es jetzt in dir trägst und dass es ätherisch wie die Sonne in dir strahlt. Jetzt kannst du ein wenig von dem Wein trinken und ein Stück von dem Keks oder Brot essen, hebe aber etwas davon auf, um es als Opfer an die göttliche Quelle, an Gott, auf der Erde zu verstreuen. Sei dir bewusst, dass das Trinken von Wein, Wasser oder Saft und das Essen des Kekses oder Brotes nur für das steht, was bereits in dir stattgefunden hat, und nur dazu dient, die Präsenz des Göttlichen in dir zu stärken und zu erden.

ENDE DES RITUALS

Dieses kleine Ritual kann überall ausgeführt werden und erfordert nur wenig Zeit. Am besten wendest du es an, wenn du dich etwas bedrückt oder verloren, abgetrennt vom Göttlichen, deinem Weg oder den Synchronizitäten deines Lebens fühlst, obwohl du es auch zu einer regelmäßigen spirituellen Übung machen kannst, die du jeden Tag ausführst. Es wird dich sowohl auf die göttliche Präsenz als auch auf mich und meine Mysterien, meine Wahrheiten und meine Liebe ausrichten. Diese Macht kann auch auf Nahrungsmittel oder Blumen übertragen werden, die du vielleicht anderen schenkst, die weniger spirituell oder religiös veranlagt sind, aber die Präsenz des Göttlichen in ihrem Leben brauchen. Das höhere Selbst ist immer offen für diese Vereinigung, und während diese Person das Essen oder die Blumen genießt, erstrahlt das Licht Gottes, das Licht der Vereinigung in ihrem Leben und hilft ihr, heil zu werden.

Jedes Vereinigungsritual ist sehr mächtig, besonders wenn du dir in deinem Geist die Bedeutung dieses Ereignisses bewusst machst und die Präsenz und Macht meines Wesens bekräftigst. Dir das kleine Gebet, das ich dir übergeben habe, ins Gedächtnis zu rufen, kann dich auch offener für die Vereinigung machen, egal in welcher Form diese Erinnerung geschieht. Sei dir bewusst, dass die Vereinigung eine der wesentlichen Übungen ist, wenn du spirituelles Wachstum und Erfüllung auf deinem Weg anstrebst. Sie ist ein wunderbares Vermächtnis und eine Kraft, die man nicht unterschätzen sollte.

Ich habe jetzt alles gesagt, was ich dir mitteilen wollte, aber meine Mysterien werden weiterhin im Geist und im Herzen der Menschen enthüllt, die sich an mich und mein Wesen erinnern. Schreite voran und denke vor allem an eines: Du bist göttlich und Gott liebt dich. Weil du göttlich bist, ist es unerlässlich, dass du dich selbst liebst. In vollkommener Liebe und vollkommenem Vertrauen und Glauben an dich gebe ich dir meinen Segen.

Erzengel Sandalphon

Der Engel des Gebets

Ich bin Sandalphon, Zwilling von Metatron, Engel des Gebets und Engel dieser Sphäre, der physischen Realität und all dessen, was in ihr existiert. Die Lehren, die dir mein Bruder mitgeteilt hat, haben die Mysterien und Wahrheiten in Bezug auf das Gebet enthüllt. Deshalb möchte ich hier nicht noch einmal auf die Bedeutung dieses heiligen Rituals eingehen, sondern mich auf die anderen Dinge konzentrieren, die ich als Engel verkörpere. Ich möchte darüber sprechen, dass ich die Herrschaft über diese Realität habe, und genauer erklären, wie sich meine Pflichten und Aufgaben von denen des berühmteren Engels des Elements Erde, des Erzengels Uriel, unterscheiden. Erzengel Uriel ist der Engel des Elements Erde, eines der sieben heiligen Elemente, aus denen das Universum besteht, in dem ihr Menschen lebt. Er steht nicht nur ganz allgemein der Erde als Planet vor, sondern konkret dem Element Erde, das Bestandteil eures Planeten ist.

Ich hingegen bin der Engel dieser Sphäre, nicht nur eurer Welt, sondern des Raums, der Dimension, in der sich eure physische Welt befindet, und all jener Dimensionen unterhalb und oberhalb der physischen Ebene, die zur ersten der sieben Sphären gehören, die sich nach oben, hin zum Göttlichen, erstrecken. Die sieben Sphären sind eine Sammlung von sich gegenseitig beeinflussenden dimensionalen Realitäten, sich gegenseitig durchdringenden Frequenzen, die gleichzeitig und gemeinsam Bewusstseinsebenen und dimensionale Bereiche darstellen.

Ich bin hier, um über die erste Sphäre und die verschiedenen sich gegenseitig beeinflussenden Energien, die sich in diesem Abschnitt dimensionalen Raums und dimensionaler Realität befinden, zu sprechen.

Es gibt Dimensionen unterhalb der Welt, in der du lebst. Die Dimension der verlorenen Seelen und die Limbus-Dimension, in die jene fallen, die sich selbst das Leben nehmen, die plötzlich sterben, die dunkle und negative Gedanken über sich selbst haben, und es gibt Dimensionen, die deine Realität auf einer höheren Frequenz durchdringen: die pranischen Ebenen und die Astralebene zum Beispiel. Doch zuerst möchte ich über diese Dimension, die physische Realität, in der du dich jetzt befindest, sprechen.

Deine physische Realität spiegelt dein eigenes Wesen wider. Sie ist das makrokosmische Spiegelbild deines mikrokosmischen Daseins und symbiotisch mit ihr verbunden: Ihr seid eins. Ohne dich könnte weder die Erde noch das Universum, das sie umgibt, bestehen, und ohne das Universum und diese Welt könntest du wiederum nicht existieren. Ihr seid Teil desselben Musters, desselben Plans, desselben Gewebes, desselben Geflechts und deshalb seid ihr voneinander abhängig. Wie ihr Menschen miteinander umgeht, spiegelt sich im Makrokosmos eurer Welt und des Universums, das sie umgibt, wider. Obwohl das im Augenblick noch nicht so offensichtlich ist, macht es sich allmählich in der Art und Weise bemerkbar, wie eure Welt darunter leidet, dass ihr Menschen eure Ganzheitlichkeit und eure Natur vernachlässigt habt.

Eure Wissenschaftler haben bereits herausgefunden, dass eure Welt ein symbiotisches Netzwerk bildet. Dass die Erde als Ganzes auf Situationen reagiert, die sich in bestimmten Bereichen auf eurem Planeten abspielen. Eure Wissenschaftler haben ebenfalls herausgefunden, dass der Abbau der schützenden Ozonschicht unmittelbar auf die Umweltverschmutzung zurückzuführen ist, die ihr in der Vergangenheit, zunächst unwissentlich, verursacht habt. Das stimmt zwar zum Teil, aber die Zerstörung eurer Welt, die globale Erwärmung, die rasanten klimatischen Veränderungen, die Tatsache, dass sich die Jahreszeiten verschieben und aus dem Gleichgewicht geraten sind, und die Veränderungen, die sich an den Polen eures Planeten abspielen, sind eine Manifestation dessen, was ihr in eurer Seele und eurem Herzen anderen und euch selbst antut. Sie sind auch eine Manifestation des Durcheinanders, das ihr durch eure eigene Nachlässigkeit geschaffen habt.

In früheren Zeiten, die heute nur noch in Legenden und Mythen aufscheinen, würdigten die Menschen, die die Erde und das Göttliche verehrten, die Verbindung zwischen sich selbst und der Welt, in der sie lebten. Sie wussten und verstanden, dass sie für den Wechsel der Jahreszeiten, für das Wohlergehen und das Gleichgewicht auf dem Planeten durch ihr eigenes Verhalten anderen Menschen und dem Planeten gegenüber mitverantwortlich waren. Die Könige früherer Zeiten wussten, dass ihre Gemahlin, die Königin, symbolisch Gaia, den Geist der Erde, die Göttin der Erde, verkörperte, und indem der König sie ehrte, ehrte er das Land und sorgte für sein Gleichgewicht und seine Sicherheit. Und wenn er diese Ehrerbietung aus irgendeinem Grund vernachlässigte, wurde er aufgefordert, sich dem Land zu opfern, um das Unrecht, das er der großen Göttin zugefügt hatte, auf diese Weise zu sühnen. Diese Geschichten gelten jedoch seit langer Zeit nur noch als Ammenmärchen, aber in ihnen steckt Wahrheit. Jede Frau ist aufgrund ihrer Weiblichkeit mit der Erde und der Präsenz von Gaia, dem Geist, der Göttin der Erde verbunden, so wie jeder Mann durch seine Männlichkeit mit der maskulinen, polarisierten Präsenz des Göttlichen verbunden ist, die man in der Natur findet: der Grüne Mann, Herne, Cernunnos, die Präsenz und Intelligenz der göttlichen Sonnenenergie. Und obwohl ich hier bin, um über das gesamte Spektrum eurer Dimension zu sprechen, geht es in der wichtigsten Botschaft, die ich euch bringen möchte, um dieses Thema.

Denn gerade zu dieser Zeit, in der sich eure Welt in einer äußerst zerbrechlichen und prekären Situation befindet, müsst ihr versuchen, die Fehler, die eure Vorväter begangen haben, wiedergutzumachen und die enge Beziehung, die zwischen euch und eurer physischen Realität besteht, zu achten. Achtet mehr auf das Gleichgewicht von Geist, Körper und Seele, denn auf diese Weise sorgt ihr für mehr Gleichgewicht in eurer unmittelbaren Umgebung.

Wenn nur ein Mann oder eine Frau in ihrer Stadt oder ihrem Dorf versuchten, bewusster zu leben, spiritueller im besten Sinne des Wortes zu sein, mehr auf ihre Gedanken, ihre Gefühle und ihr physisches Wohlergehen, auf ihren spirituellen Fortschritt und ihre Weiterentwicklung zu achten, dann könnten sie ihre Umgebung auf äußerst nachhaltige und positive Weise beeinflussen und wesentlich dazu beitragen, ein Gegengewicht zu all jenen zu schaffen, die nicht verstehen oder anerkennen, dass eine Verbindung zwischen ihnen und dem Rest der Welt besteht. So große Macht hat das spirituelle Bewusstsein unter den Unwissenden und Blinden. Das war schon immer so und das ist der Grund, warum es noch immer Hoffnung gibt. Wenn nur eine Person in einer Stadt die Tagundnachtgleiche, den Sabbat und die Sonnenwende anerkennt, den Gang des Jahresrads und das Gleichgewicht im Wechsel der Jahreszeiten unterstützt, würde sie wesentlich dazu beitragen, das, was durch die Unwissenheit anderer Menschen in Bezug auf die Bedeutung und Wichtigkeit dieser einfachen und schönen Rituale der Ehrerbietung verloren ging, wieder aufzubauen. Wenn nur ein kleiner Prozentsatz der Menschen auf eurem Planeten die alten, einfachen, schönen und magischen Bräuche ehrte, die enge und starke Verbindung, die zwischen ihnen, ihrer Lebensweise und ihrer Umgebung besteht, anerkennen würde, dann könnte eure Welt nicht nur gerettet, sondern auch transformiert werden. Die Transformation eurer Welt ist natürlich unerlässlich, und zwar nicht nur für die Evolution der Menschen, die sie bewohnen, sondern auch für die Evolution des Geistes eurer Welt und für die Evolution, die innerhalb eures Universums stattfindet. Die Erde steht dabei im Mittelpunkt dieser Transformation. Wichtig für diese Transformation ist nicht nur, die Erde zu ehren und das Ungleichgewicht, das über Generationen hinweg geschaffen wurde, zu beseitigen, sondern auch jene Ebenen der Realität, in denen die Geister der Toten, die erdgebunden sind und in den Limbus-Dimensionen festsitzen, zu reinigen und zu säubern.

Erdgebundene Geister, solche, die nicht wissen, dass sie tot sind, oder sich aus irgendeinem Grund weigern, in das Licht zu gehen, oder jene, die durch die Art und Weise, wie sie umgekommen sind, zu traumatisiert sind, um in die nächste Welt hinüberzutreten, leben mehr oder weniger in derselben Dimension, in der du dich befindest. Sie sind nur durch eine geringe Differenz in der Frequenz der Schwingung von dir getrennt und haben natürlich keine physische Gestalt. Jene aber, die sich selbst, aus welchem Grund auch immer, für dunkel halten und meinen, sie hätten gesündigt und könnten nicht gerettet werden oder wären unwürdig, in den Himmel oder in die spirituelle Welt einzutreten, sind in eine Dimension unterhalb deiner gestürzt, die als »Limbus«, »Fegefeuer« oder »Hölle« bekannt ist. Diese Dimension wurde nicht als eine Art Strafe von der göttlichen Quelle erschaffen, sondern ist ein Ort, an den Menschen, die sich selbst sehr streng beurteilen, automatisch aufgrund ihrer niedrigen Schwingung gelangen. In diesem Reich, das im Großen und Ganzen durch die Absicht und den Willen jener erschaffen wird, die dorthin reisen, haben sie das Gefühl, in der Hölle oder im Fegefeuer zu sitzen, was nur ihr eigenes schuldbewusstes Wesen widerspiegelt. Sie finden sich an einem dunklen, schaurigen Ort wieder und sind sich der anderen Präsenzen, die ebenfalls dort hausen, oft gar nicht bewusst, sondern gehen ganz in ihren eigenen Fehlern auf. Jene, die sich selbst das Leben genommen haben und an diesen Ort gelangen, meinen deshalb, in der Hölle gelandet zu sein. All jene, die voller Bedauern, Scham und Schuld gelebt haben, jene, die aufgrund der Illusionen, die durch religiöse Dogmen erzeugt werden, glauben, es gäbe keine Erlösung für sie, stellen fest, dass sie in einer Hölle gelandet sind, die ihnen von jenen vorhergesagt und auf die sie von jenen programmiert wurden, die in Wahrheit überhaupt nichts über das Göttliche, aber alles über menschliche Machenschaften wissen.

Die erdgebundenen Geister, die deine Welt mit dir teilen, müssen ebenso gerettet und in die spirituelle Welt, in das Licht geführt werden wie jene, die in den Limbus gestürzt sind. Viele medial veranlagte Menschen, die imstande sind, solche Rettungsaktionen durchzuführen, haben Angst davor, weil eine gewisse Gefahr damit verbunden ist. Am meisten fürchten sie sich davor, große Traurigkeit, Dunkelheit, Verzweiflung und Schmerz erleben zu müssen. Viele von ihnen möchten sich nicht freiwillig solcher Negativität aussetzen und beschließen deshalb, ihre Gabe für leichtere, hellere Aktivitäten einzusetzen. Da sich die Menschen im Laufe der Jahre immer mehr von dieser äußerst wichtigen Tätigkeit abgewandt haben, haben sich die Limbus-Reiche immer mehr mit Seelen gefüllt, die sich selbst verdammen. Jetzt muss mehr Arbeit als je zuvor geleistet werden, um diese armen, verlorenen, gequälten Wesen zu befreien und um die verlorenen Seelen, die auf der Suche nach dem Licht durch deine Dimension irren, zu erlösen. Auch die Engel, die geistigen Führer und das Tierreich helfen, diese Wesen zu retten. Das Tierreich schickt Mitglieder aus seinen eigenen Reihen in diese dunkleren Dimensionen des Limbus, um die Herzen der Hoffnungslosen mit Mitgefühl zu erfüllen, sodass sie sich wieder daran erinnern, was es heißt zu lieben. Durch diese Barmherzigkeit und dieses Mitgefühl werden die Wesen befreit, wobei das Tierreich weiß, dass die Verzweiflung, auf die sie treffen, nur eine Illusion ist, die ihnen nichts anhaben kann. In dieser Hinsicht ist das Tierreich viel weiser als die Menschheit, die sich so sehr vor einer Illusion fürchtet, obwohl sie genau weiß, dass es sich nur um eine Illusion handelt.

Aber auch die Menschen können diese Seelen befreien, selbst wenn sie nicht sonderlich medial veranlagt sind. Dazu müssen sie regelmäßig für die Befreiung dieser Wesen beten und das göttliche Licht auf dieser Ebene und in den niedrigeren Reichen verankern und erden. Sie können in Gruppen oder allein beten, das göttliche Licht und jene hohen Engel anrufen, die in diesen Bereichen arbeiten, damit die Kräfte der Erzengel Michael und Azrael, der Erzengel Gabriel und Raphael ihnen dabei helfen, in die dunkleren Reiche vorzudringen und das Licht der Engel in diese niedrigen Dimensionen zu channeln. Die Menschen können sich zusammentun, um für jene Orte zu beten, in denen Katastrophen stattgefunden haben, in denen schlimme Gräueltaten verübt wurden und sich die Menschen nach ihrem Tod ganz sicher verirrt haben. Mit ihren Gebeten können sie dafür sorgen, dass die verlorenen Seelen zügiger in das Licht geführt werden. Durch einfaches Beten können die Menschen das Licht der höheren himmlischen Sphären erden und den Engeln ermöglichen, tiefer in die Dunkelheit vorzudringen, um die Verlorenen zu befreien und heimzuführen.

Jene, die medial begabt und imstande sind, ihren Körper zu verlassen, können, indem sie die Präsenz ihrer Führer und Schutzengel zu Hilfe rufen, selbst in diese Sphären hinabsteigen, um die Verlorenen und Einsamen mit ihrem Rat und ihrer Liebe zu befreien und diese Orte mit dem Licht ihres Mitgefühls zu erhellen. Dabei können sie sich stets bewusst machen, dass alles, worauf sie treffen, reine Illusion ist, die von jenen erzeugt wurde, die sich selbst nicht für würdig halten, erlöst zu werden. Sie können voll und ganz darauf vertrauen, dass sie diese Orte gefahrlos betreten und diese Menschen befreien können. Bei den verlorenen Seelen handelt es sich um Menschen, die sich von dir nur dadurch unterscheiden, dass sie keinen Körper mehr besitzen und heimatlos wurden, weil sie so verzweifelt sind, weil sie in ihrem Leben die einfache Wahrheit nicht verstanden, dass die göttliche Quelle sie unabhängig davon, wer und was sie sind und was sie getan haben, liebt, dass nicht das Göttliche sie verurteilt, sondern nur sie sich selbst und dass sie deshalb in den höheren Reichen des Himmels willkommen sind.

In diesen anderen Dimensionen, die deine Sphäre durchdringen, gibt es Orte, an die Fragmente deiner traumatisierten Seele reisen, wenn du einen Schock oder Schmerz erleidest. Schamanen, weise Männer und Hexen, die alten Frauen eines Stammes sind immer schon in diese Dimensionen gereist, um die abgetrennten Teile des spirituellen Selbst zurückzuholen. Ich möchte hier und heute jedoch nicht näher darauf eingehen, wie diese Dimension beschaffen ist. Für dich ist es nur wichtig zu wissen, dass es diese Dimensionen gibt, damit du, wenn du möchtest, mehr darüber erfahren kannst, was sie mit deinem eigenen Wohlergehen und dem Wohlergehen anderer zu tun haben.

Es gibt dann noch höhere Dimensionen, die deine eigene durchdringen, wie etwa die pranischen Reiche, in denen du auf die universelle Lebenskraft, das Leuchten der göttlichen Intelligenz, zugreifen kannst, damit sie dich, ähnlich wie Wasser und Nahrung, mit Leben und Energie versorgt. Das niedrigere pranische Reich ist die Emanation des Göttlichen, die deinen physischen und ätherischen Körper, das Wurzel-, das Sakral- und das Solarplexuschakra deines Energiesystems nährt. Das höhere pranische Reich ist die Emanation des Göttlichen, die universelle Lebenskraft, das Chi, das dein Herz-, Kehlkopf-, Stirn- und Kronenchakra, deine emotionalen und geistigen Fähigkeiten nährt.

Alles, was du in Bezug auf diese Dimensionen wissen solltest, ist, dass das Prana, das du gegenwärtig in Städten aufnimmst, minderwertig ist. Wenn du Prana einatmest, setzt du Antiprana in die Atmosphäre frei, das die Antithese zum Leben fördernden Prana darstellt. Das Antiprana wird von den Meeren und dem Tier- und Pflanzenreich deiner Welt wieder in positives Prana umgewandelt, so wie Kohlendioxid durch Pflanzen verwertet und in Sauerstoff umgewandelt wird. In Städten jedoch, wo es kein Meer, keine fließenden Gewässer und nur wenig Vegetation gibt, um das Antiprana wieder in positives Prana umzuwandeln, wird die Atmosphäre durch negativ polarisierte pranische Energie verstopft und verschmutzt. Wenn du diese Energie dann wieder aufnimmst, verstopft sie dein energetisches System und schwächt dein Immunsystem. Nach einer Weile wird diese Energie wieder aufgefrischt, meistens durch einen Wetterumschwung, der das Antiprana in andere Teile deiner Welt verschiebt, wo es leichter umgewandelt werden kann. Deshalb ist es für Stadtbewohner äußerst wichtig, regelmäßig aufs Land oder ans Meer zu fahren, um positives Prana aufzunehmen und sich zu regenerieren.

Tai-Chi, Qigong, Yoga, Pilates, alte Systeme, bei denen es darum geht, Prana einzuatmen und im Körper zu verteilen, sind die Überbleibsel alter Wahrheiten, die der Menschheit am Anfang der Zeit von den Engeln mitgeteilt wurden, damit die Menschen die Lebensenergie in ihrem Körper erfolgreich ausgleichen können. Diese Praktiken sind von größerer Bedeutung als je zuvor, nicht nur, damit die Menschen gesünder, ausgeglichener und besser leben können, sondern auch damit sie in ihrem Leben eine Basis haben, die ihnen hilft, spirituell zu wachsen und sich weiterzuentwickeln. Deshalb sollten all jene, die sich eifrig darum bemühen, sich spirituell weiterzuentwickeln und zu wachsen, regelmäßig eine dieser Techniken praktizieren, damit die universelle Lebenskraft, die pranische Energie, im Körper besser fließen kann.

Deine Welt ist ein äußerst komplexer und schöner Teil des Universums. Aufgrund der Gesetze der Begrenzung, die für sie gelten, spielen bestimmte Dimensionen, die deine Welt ausmachen, eine Rolle in deiner Entwicklung. Für all jene, die danach streben, ihr Dasein und das Universum, in dem sie leben, zu meistern, ist es unerlässlich, diese Dimensionen besser zu verstehen. Sie werden in der Theosophie über die heiligen Systeme der sieben Sphären und in der Kabbala anhand des Baums des Lebens beschrieben, der die grundlegenden Manifestationen des Göttlichen vom höchsten Reich des Himmels bis zum niedrigsten Reich der physischen Welt, in der du lebst, erklärt.

In meinen Ausführungen habe ich nur ein paar der verschiedenen Orte und Räume beschrieben, die innerhalb deiner Realität nebeneinander bestehen. Die Astralebene ist das letzte dieser Reiche, auf die ich hier eingehen möchte. Die Astralebene ist eine Sphäre, die viele verschiedene Elemente beinhaltet, die mit der geistigen Ebene zu tun haben, und sie ist außerdem die Ebene, in der die Elementale wohnen. Sie ist nicht nur wichtig, weil sie der Ort ist, an dem deine Gedanken Form annehmen und allmählich Realität werden, ein Ort, der für die kreative Visualisierung oder die magische Manifestation genutzt wird, sondern auch, weil sie die Ebene ist, die die Elementarwesen beherbergt, die in Wechselbeziehung zu deiner physischen Dimension und deiner Umgebung stehen. Mir ist wichtig, dass du verstehst, dass die Astralebene Teil deiner Welt ist. Sie existiert, weil deine früheren Taten die Elementarwesen gezwungen haben, eine Dimension zu bewohnen, die nicht schon immer existiert hat, sondern eigens für sie geschaffen wurde. Diese Wesen, die zu Anfang der Zeit von Gott als Gärtner deiner Welt erschaffen wurden und diese aufgrund der engstirnigen religiösen Anschauungen der Menschen verlassen mussten, die davon ausgingen, dass es sich dabei um Manifestationen des Teufels handle, einer Präsenz, die reine Illusion ist.

Die Zeit naht, in der die Erde sich verändert, in der neue Dinge gedeihen und erblühen und alte Wahrheiten wieder an die Oberfläche kommen. Einige der Veränderungen werden die Erde in den glorreichen Zustand zurückversetzen, in dem sie sich einst befand, und die Rückkehr der Elementarwesen ist eine dieser Transformationen. Für die Menschen ist es unerlässlich, sich wieder mit diesen Präsenzen zu verbinden und zu erkennen, wie wichtig sie sind und wie eng verbunden sie nicht nur mit eurer Welt, sondern auch mit euch selbst sind.

Ich bin Sandalphon, ich bin der Engel dieser Sphäre und es ist meine Aufgabe, sie, so gut ich kann, zu führen und zu beschützen, dich über ihre Vielfältigkeit zu informieren und dich zu ermutigen, mit den hier geltenden Gesetzen und Bedingungen zu arbeiten, dich zu ermutigen, die verschiedenen Dimensionen des Bewusstseins und der Realität, die Teil des physischen Universums sind, zu verstehen. Das folgende Ritual dient dazu, die Welt, in der du lebst, und deine Verbindung zu ihr zu ehren. Es ist ein einfaches Ritual, das dich ins Gleichgewicht bringt, und es ist auch ein Ritual der Hoffnung und der Evolution.

Ritual

Das Ritual ist sehr kurz und einprägsam. Es ist ein Ritual, das einmal pro Woche oder einmal im Monat, allein oder in einer Gruppe, durchgeführt werden kann. Es dient dazu, dich persönlich auszurichten und auszugleichen, und gleichzeitig kannst du dich als Kanal anbieten, durch den das Licht des Engelreichs auf deine Welt scheinen möge, um das Gleichgewicht wiederherzustellen. Es ist ein Ritual, das du vor allem nach einer Katastrophe oder einem traumatischen Ereignis an irgendeinem Ort auf deinem Planeten anwenden kannst.

Stelle dich so hin, dass deine Füße schulterbreit auseinander sind, hebe deine Arme seitlich an, bis sie sich parallel zu deinen Schultern befinden und dein Körper einen fünfzackigen Stern bildet. Drehe deine Arme so, dass die Handflächen nach oben zeigen, und lege deinen Kopf etwas nach hinten, so als ob du zur Decke blicken wolltest. Bitte jemanden, die folgenden Worte zu lesen, oder lerne sie vorher auswendig und sprich sie, oder zeichne sie auf und spiele sie ab, sodass du sie hören kannst.

»Ich öffne mich den höheren Reichen des Himmels und stelle mich als Kanal zur Verfügung, durch den das Licht der göttlichen Engel leuchten möge. Ich bitte darum, dass dieses Licht in die Welt und in die Dimensionen darunter strahlen möge, damit es dazu beiträgt, das Ungleichgewicht aufzulösen, das hier besteht. Möge es jenen, die ihr Leben verloren haben und in die Verwirrung hinabgestürzt sind, die verloren, einsam und verängstigt auf der Erde umherirren

oder in die Reiche des Limbus und des Fegefeuers abgestiegen sind, als Hoffnungsstrahl dienen. Ich bitte auch darum, dass dieses Licht das Ungleichgewicht, das durch Unwissenheit und Schmerz, durch Dummheit und Arroganz, durch Angst und Gier verursacht wurde, auflösen möge. Ich bitte darum, dass die physische Welt durch mein Bemühen und meinen Willen erneuert wird. Ich bitte darum, dass durch das wieder gefundene Gleichgewicht in meinem Geist, meinem Körper, meinem Verstand, meinem Herzen und meiner Seele alle Wunden geheilt werden mögen. Ich bitte darum, dass die göttliche Liebe hier in mir zentriert ist und von mir hinaus in die Welt strahlt. Das ist mein Wille und mein Wunsch. Möge es so geschehen. So sei es. Amen.«

Sieh, wie das Licht wie ein Vorhang oder ein Regenschauer vom Himmel in dein Herz hinabfällt und durch die Arme, die Füße und den Kopf in die Welt um dich herum hineinstrahlt. Sieh, wie es durch die universellen Meridiane, die Axiallinien, den Faden deiner Realität strömt. Sieh, wie es in die dunkelsten Dimensionen des Limbus hinabsteigt. Sieh, wie es in die Astralreiche und zu den dort lebenden Elementalen fließt, wie ein warmes Licht, das sie einlädt, näher zu kommen. Sieh, wie das Licht durch die feinstofflichen Körper deiner Aura rinnt und eine Heilung von Erde und Mensch, von Herz und Welt, von Körper, Geist und Seele sowie von Gaia, dem Bewusstsein deiner Welt, bewirkt. Lasse das Strahlen nach einer Weile ausklingen, entspanne deinen Körper und bedanke dich beim Reich der Engel.

ENDE DES RITUALS

Deine Welt ist eine ganz besondere Welt, eine sehr schöne Welt, eine Welt, die mit sehr viel Feingefühl und Achtsamkeit erschaffen wurde. Besinne dich auf ihre Schönheit und denke daran, dass du als ein wesentlicher Bestandteil von ihr für sie verantwortlich bist und die Macht hast, den Schaden, der ihr zugefügt wurde, durch deine Absicht und dadurch, dass du dich selbst und die Welt auf liebevolle Weise achtest, wiedergutzumachen.

Betrachte diese Verantwortung nicht als Last, sondern als ein liebevolles Geschenk. In Frieden und Wahrheit verabschiede ich mich jetzt und hinterlasse dir meine Liebe.

Erzengel Raziel

Der Engel der verborgenen Dinge

Ich heiße Raziel und bin der Engel der verborgenen Dinge, der Dinge, die verhüllt und unsichtbar sind, der Dinge, die versteckt und verschüttet sind. Ich bin der Engel der Geheimnisse, der Wahrheiten, die verloren gegangen sind oder verlegt wurden. Ich bin der Engel der Dunkelheit, der Verwirrung, der Unklarheit und Unbestimmtheit. Ich überbringe euch Licht und Erleuchtung, Erkenntnis und Wahrheit. Ich bin die Lampe und das Licht und das Auge, das sieht. Ich bin der Schleier, der gelüftet wurde. Ich bin das Mysterium, das verstanden wurde. Ich bin der Eingeweihte und die Einweihung und ich bin all jene, die sich über diese Herausforderungen erheben und neu geboren werden.

Das Wort »okkult« erschreckt viele Menschen, weil sie seine wahre Bedeutung nicht verstehen. *Okkult* bedeutet einfach »geheim« und bezieht sich auf jene Dinge, die verborgen sind. Dieses Wort steht für die unsichtbare Welt, das Übernatürliche, den Bereich, in dem alle Dinge zusammengefasst werden, für die die meisten Menschen keine logische oder rationale Erklärung haben; Dinge wie Hexerei und Magie, mediale und hellseherische Fähigkeiten, unergründete Phänomene und die majestätischen und wundersamen Offenbarungen des Göttlichen. All diese Dinge fallen in meinen Zuständigkeitsbereich, all diese Dinge bewache und behüte ich. Zu diesen Dingen führe ich die Menschen hin und enthülle sie ihnen. All diese Dinge sind Teil dessen, wer und was ich bin.

Von meinem erhabenen Aussichtspunkt auf dem Baum des Lebens blicke ich hinunter auf die Welt der Menschen und hinauf zu den Welten des Göttlichen. Wie jeder Engel bin ich natürlich eine Erweiterung des Bewusstseins des Einen, aber als ein Wesen, das eine bestimmte Form hat und über jene Dinge wachen soll, die im Verborgenen liegen, habe ich ein einzigartiges Wahrnehmungsvermögen. Dadurch kann ich sehen, wie die Menschen auf jene Dinge reagieren, die sich in meiner Obhut befinden. Oft fürchten die Menschen jene Dinge, die sie so sehr faszinieren, und sie können sich nur vorsichtig an den Schleier herantasten, der zwischen ihnen und ihren Ängsten und Unsicherheiten liegt. Die Menschheit trägt einen Teil der Neugierde des Göttlichen in sich, die zur Schaffung dieses Universums und der Welt, in der wir alle leben, führte. Die göttliche Quelle hatte das Bedürfnis, mehr über sich selbst zu erfahren, und erschuf deshalb den begrenzten Raum und begab sich selbst dorthin. Zu diesem Zweck erschuf sie nicht nur das Engelreich, sondern auch die Menschheit. Der Mensch ist ein mikrokosmisches Abbild des Einen, der göttlichen Quelle, und als solches trägt er alle göttlichen Neigungen, einschließlich der Neugierde und des Wissensdurstes in sich. Von Anbeginn seines Daseins an wollte der Mensch entdecken, wer und was er ist, warum er hier ist, und obwohl ihn die Antworten, die außerhalb seiner Reichweite und immer im Dunkeln lagen, erschreckten, haben sie ihn gleichzeitig fasziniert und dazu angetrieben, seine Angst zu überwinden und in die Dunkelheit der Ungewissheit vorzudringen, um die Wahrheit zu entdecken.

Seine Neugierde und sein Wagemut sind es, die einen Menschen zu mir führen. Sie leuchten wie funkelnde Juwelen oder Sterne in der Aura eines Menschen, der beginnt, Fragen zu stellen und seinen Geist für Möglichkeiten und Wahrheiten, die ihm vorher nicht in den Sinn kamen oder die ihn nicht interessierten, zu öffnen. Er beginnt am Schleier, der sich zwischen ihn und der unbekannten Welt befindet, zu zupfen und zu zerren, und es liegt dann an mir, ein wenig Licht durch die Löcher hindurchscheinen zu lassen, die vom Suchenden in den Schleier gerissen wurden. Mein Licht erhellt das Verborgene und lässt die Menschen die Wahrheit sehen. Es liefert den Menschen das Wissen, das sie brauchen, um die Wahrheit zu erkennen, nach der sie sich immer gesehnt haben.

Sobald ein Mensch zu suchen beginnt, tut sich ein Pfad vor ihm auf, der immer weiter führt. Das, was er einmal gelernt hat, kann er nicht mehr vergessen. Dieses Wissen verändert einen Menschen. Selbst wenn er nach einiger Zeit beschließt, nicht mehr an das zu glauben, was ihm als Grundlage gedient hat, wird er immer durch das, womit er sich beschäftigt hat, verändert. Wenn das, womit er sich beschäftigt hat, die Wahrheit ist, dann wird er auch erlöst, selbst wenn er diese Wahrheit leugnet. Ein Mensch kann aufgrund seines freien Willens eine Wahrheit, die er erkannt hat, leugnen, aber die Wahrheit, die er einmal erkannt hat, verändert ihn, und diese Veränderungen können nie mehr rückgängig gemacht werden. Ein Mensch kann seine Augen und Ohren verschließen, damit er keine weiteren Wahrheiten erfährt, aber die Wahrheit in seinem Inneren bleibt bestehen und wartet auf den richtigen Augenblick, um weiter zu wachsen. Jeder Mensch besitzt in seinem Inneren ein gewisses Urteilsvermögen. Das ist die Wahrheit, die im Innersten seines Herzens, in seinem göttlichen Kern, existiert. Sie führt einen Menschen zur Wahrheit. Sie ist ein Licht, eine Perle, ein Stern, eine Präsenz, die häufig unterdrückt wird. Nur hin und wieder wird ihr erlaubt, ihr Licht erstrahlen zu lassen und einen Menschen zu einer Person, an einen Ort oder zu einer Information zu führen, die dazu beiträgt, sein Bewusstsein und seinen Geist zu befreien, seine Seele wachsen zu lassen. Wenn ein Mensch der Wahrheit ausgesetzt wird, erkennt sein inneres Urteilsvermögen das. Und selbst wenn sein bewusster Verstand die Wahrheit, die er gesehen hat, widerlegt, hängt sich sein leuchtender Funke an diese Perle der Weisheit und lässt sie nicht mehr los. Selbst wenn ihr leugnet, was ihr gesehen oder gehört habt, ändert sich tief in eurem Inneren etwas. Deshalb ist es wichtig, die Wahrheit, die ihr alle entdeckt habt, an andere weiterzugeben, auch wenn dieses Zusammenspiel oder dieses Weitergeben der Wahrheit bei der anderen Person nichts zu bewirken scheint. Ihr versucht ja nicht, andere zu bekehren. In dieser Hinsicht hat die Menschheit von Anbeginn der Zeit Fehler gemacht. Es geht einfach nur darum, andere an der Wahrheit, die ihr entdeckt habt, teilhaben zu lassen. Vertraut darauf und glaubt daran, dass diese Wahrheit, wenn sie einmal enthüllt wurde, aktiv wird und im Herzen und im Verstand der Menschen ihre Spuren hinterlässt.

Ich habe die Macht, euch zu erleuchten. Ich kann gerufen werden, damit ich jenen, die auf der Suche nach der Wahrheit sind, sowie jenen, die ihren Lebensweg blind beschreiten, beistehe. Wenn der richtige Augenblick noch nicht gekommen ist, werde ich mein Licht nicht auf sie leuchten lassen, aber wenn ihre Seele zustimmt, dass sie Erleuchtung braucht, dann werde ich mein Licht auf jene, die die Wahrheit suchen, strahlen lassen. Die Erleuchtung kann für viele ein unsanftes Erwachen sein. Wenn sie ihre Augen und Ohren sehr fest verschlossen haben, kann es erschreckend und traumatisch sein, wenn das Licht der Wahrheit plötzlich über sie kommt, aber wenn das der Fall ist, hat es seinen Grund. Es geschieht, weil diese Menschen in diesem Augenblick einen derart starken Katalysator brauchen. Obwohl dies nicht ungefährlich ist, ist das höhere Selbst bereit, dieses Risiko einzugehen. Ein Mensch kann Erfahrungen sammeln und einen Beitrag für das Ganze leisten, ohne dass ein spirituelles Erwachen erforderlich ist, aber letztendlich ist es das Ziel der Seele, ihr Karma aufzulösen und den Beitrag zu leisten, für den sie auf die Erde gekommen ist, und sich weiterzuentwickeln. Deshalb kann es sein, dass das höhere Selbst nach einer Zeit hartnäckiger Stumpfsinnigkeit ein Risiko eingeht, um die Seele dem Licht auszusetzen, sodass sie versucht, sich weiterzuentwickeln und sich der göttlichen Wahrheit zu öffnen.

Die Kraft meines Lichts kann auch gefährlich sein und das ist etwas, was die Menschheit instinktiv immer gewusst und gefürchtet hat. Die okkulte Welt ist nicht nur eine Welt voller Geister und Gespenster, sondern auch eine Welt des Lichts und der Wahrheit. Dieses Licht brennt und blendet, und wenn ein Mensch ihm einmal ausgesetzt war, verändert ihn dieser Blick in die Büchse der Pandora, die sich in meinem Gewahrsam befindet, für immer. Das Licht, das ich in mir trage, ist unentbehrlich. Es ist etwas, was alle brauchen, die wachsen wollen, und deshalb war ich immer in der Nähe jener, die nach der Wahrheit suchen, auch wenn meine Präsenz in der Vergangenheit im Großen und Ganzen verborgen war. Das Bewusstsein bewegte sich auf der Wahrheitsskala nach oben und unten, während die Menschheit verschiedene Entwicklungsstadien im Laufe der Geschichte erlebt hat. Es begann mit Lemuria und Atlantis auf einem hohen Niveau, ist dann schnell abgesunken, und steigt und fällt immer wieder, entsprechend der jeweiligen Zivilisationen. Ein niedrigerer Bewusstseinszustand führt eine Zivilisation nicht in erster Linie in die Ausschweifung und Perversion, sondern eher in die Materialität. Es handelt sich dabei um einen Bewusstseinszustand, in dem ein Mensch von seinem Weg abkommt und sich von Gott distanziert, in dem er sich auf eine weitgehend illusionäre Welt ausrichtet, eine Welt der Wissenschaft und der Fakten. Obwohl die Wissenschaft die spirituelle Welt widerspiegelt, ist sie eben nur Wissenschaft, die eine Reihe von Fakten und Erklärungen liefert und es dem Menschen leichter macht, in einer Welt, die voller Geheimnisse und Magie ist, zu leben. Das ist einer der Gründe, warum so viele Menschen ihr spirituelles Bewusstsein verloren haben. Ein weiterer Grund ist, dass sie sich nach einer illusorischen Sicherheit sehnen, die sie durch materiellen Wohlstand zu erreichen hoffen. Der Mangel an Bewusstheit, der die Menschheit dazu getrieben hat, so tief in die materielle Welt einzutauchen, ist in erster Linie auf ihre Angst vor dem Tod zurückzuführen, was natürlich wiederum reine Illusion ist. Der Tod ist eine Transformation, ein Übergang von einem Bewusstseinszustand in einen anderen. Nichts stirbt jemals wirklich und die Wissenschaft bestätigt das. Die Dinge verändern sich einfach, werden neu angeordnet und in anderer

Form wiedergeboren. Der Mensch lebt ewig, aber weil er diese Wahrheit übersieht, sucht er Trost in materieller Sicherheit, die ihm Hoffnung und Vertrauen schenken und von seiner Angst ablenken soll. Im Laufe der Zeit wird der Mensch lernen, dass kein Grad an materieller Sicherheit ihn vor den Veränderungen und Transformationen bewahren kann, die unweigerlich stattfinden werden, wenn er die Schwelle zwischen Leben und Tod überschreitet und wiedergeboren wird. Und oft ist es erst der Tod, der in vielen ein erstes Erwachen auslöst.

Zurzeit nimmt das Bewusstsein der Menschen zu und die Menschheit beginnt sich zu fragen, was es mit ihrer Welt und ihrem Leben auf sich hat. Mehr als je zuvor widme ich mich den Suchenden, die täglich erwachen und versuchen, ihren Weg in einer Welt zu finden, die voll falscher materieller Wahrheiten ist. Ich bin das Mantra, das rezitiert wird; die Meditation, die durchgeführt wird; das Gebet, das gesprochen wird, und das Ritual, das zelebriert wird. Ich bin das Wissen in dem Buch, das die Menschen lesen. Und ich bin der Vortrag, der besucht wird. Ich bin der Wunsch im Herzen, frei zu sein und die Wahrheit zu erkennen. In früheren Zeiten, als das Bewusstsein der Menschen niedrig war, wurde ich angerufen, wenn es um verborgene Schätze ging, denn ich bin der Engel, der Dinge findet, der jene Dinge offenbart, die verloren gegangen sind. Ich wurde gründlich missverstanden und jene, die die himmlischen Mächte für solche Kleinigkeiten bemühten, wurden oft schwer getadelt. Aber jetzt sieht man mich wieder so, wie ich gesehen werden soll, als den Engel, der Licht anbietet, wo Dunkelheit herrscht. Das Ritual, das ich dir übergebe, kann deshalb für dich selbst oder für jemand anderen ausgeführt werden: für jene, die Licht suchen; für jene, die Wahrheit suchen; für jene, die versuchen, ihren Weg zu finden. Es kann angewendet werden, wenn sich ein Mensch aufmacht auf seine Reise oder wenn er auf seinem Weg nicht vorankommt, weil er von sich selbst, von anderen oder von gewissen Umständen oder Situationen behindert oder blockiert wird. Es ist ein Ritual, das ausgeführt werden kann, um jenen zu helfen, die in Dinge verwickelt und verstrickt sind, die sie einst für die Wahrheit hielten, die sich aber nur als Ablenkungen herausstellten. Meine Macht hilft, dich auszurichten und dir Dinge zu offenbaren. Meine Macht schenkt den Menschen Hoffnung.

Ritual

Für dieses Ritual brauchst du ein paar sehr einfache Dinge: eine weiße Kerze in einem Kerzenhalter, die zunächst nicht angezündet, sondern mit einem schwarzen Tuch aus Seide oder einem anderen Material verhüllt wird. Setze dich in einem dunklen Raum vor die nicht angezündete, verhüllte Kerze. Rufe mich namentlich mit diesem oder einem ähnlichen Gebet:

»Raziel, Engel des Okkulten, ich rufe deine Präsenz und deine Macht an. Komme aus der Dunkelheit, höre die Worte dieses Suchenden und hilf mir, denn ich habe mich in der Dunkelheit verirrt und suche das Licht; ich brauche Hilfe, um meinen Weg zu finden, denn ich bin von meinem Pfad abgekommen und möchte jetzt wieder die Richtung finden, die ich einschlagen muss. Engel der Erleuchtung, bringe mir Licht.«

Nimm den Schleier von der Kerze und zünde sie mit einem Streichholz an. Lasse das Licht die Dunkelheit deiner Umgebung hell erleuchten. Schaue einen Augenblick lang in die Flamme, dann schließe deine Augen und lasse das Licht meiner Erleuchtung wie einen Strahl in die Bereiche deines Lebens, in deinen Geist, dein Herz, dein Wesen, in die supernalen* und spirituellen Welten um dich herum scheinen und alles erhellen. Achte auf die Gedanken, die dir durch den Kopf gehen mögen:

---

* Die Sephiroth im Baum des Lebens bilden zwei Dreiecke. Eines davon zeigt nach unten und wird das »supernale« Dreieck genannt. Es bezieht sich auf das höhere Bewusstsein des Göttlichen.

Bilder, Worte, Buchtitel, Gesichter. Nimm jede Führung an, die auftaucht.

Wenn sich dir in diesem Augenblick keine Führung offenbart, gib die Hoffnung nicht auf, denn ich arbeite auf vielfältige Weise und werde einen Weg finden, dich zu der Person, dem Ort und der Situation zu führen, die du brauchst, um dich aus der Dunkelheit zu befreien, in der du dich befindest. Manchmal brauchen meine erleuchtenden Strahlen etwas Zeit, um die dicke Decke der Dunkelheit, die sich über deinen Geist gelegt hat, zu durchdringen, und es kann ein paar Tage dauern, bis das schwache Licht der Erleuchtung hindurchscheint und dir die Botschaft klar wird.

Nachdem du eine Weile vor der Kerze gesessen bist, sprich dieses Gebet der Dankbarkeit, bevor du die Kerze auslöscht:

»Raziel, Engel der unsichtbaren Welt, ich danke dir für deine Unterstützung und deine Hilfe bei meinem Anliegen und sage dir Lebewohl.«
ENDE DES RITUALS

Ich weise die Menschen nicht nur in die richtige Richtung, sondern liefere ihnen auch Antworten und Wahrheiten. Schließlich bin ich ein Engel des Wissens, und eine Möglichkeit, wie ich Dinge enthülle, ist, dass ich den Menschen Informationen liefere. Man kann mich rufen, damit ich begeistert von der Beschaffenheit des Universums erzähle, damit ich erkläre, wie die Dinge funktionieren oder wie man etwas am besten macht. Als ein Engel des Wissens kann ich den Menschen Prophezeiungen und Wahrheiten liefern, Informationen aus der Akasha-Chronik, die entweder persönlicher oder mehr allgemeiner Natur sind, und ich habe die Menschen im Laufe der Geschichte in unterschiedlicher Gestalt mit Informationen versorgt, die sie vom Universum erbeten haben. Engel sind von Natur aus unsichtbar, bescheiden und demütig. Sie brauchen keinen Ruhm.

Sie brauchen nicht lobend erwähnt zu werden. Wir sprechen durch das Flüstern des Windes und inspirieren, indem wir das Herz mit unseren Flügeln berühren. Viele Menschen, die der Erde große Wahrheiten überbracht haben, erhielten diese Geistesblitze von mir, ohne meinen Namen oder mein Gesicht zu kennen. Vergiss also nicht, wen du rufen kannst, falls du eine spirituelle Wahrheit verstehen willst, die dir bislang verschlossen blieb. Die unsichtbare Welt ist nichts, was unfassbar und unzugänglich ist, sie kann dir umfassendes Verständnis in Bezug auf viele Dinge liefern.

Eine letzte Sache, über die ich sprechen möchte, ist ein weiterer Zweck, zu dem man mich anrufen kann: Ich enthülle Dinge nicht nur, ich kann sie auch verhüllen. Als ein Engel der Dichotomie und der Dualität bin ich imstande, Dinge zu verstecken und unsichtbar zu machen. In früheren Zeiten wurde ich häufig gerufen, um jene Zauberer und Priester, die von anderen nicht gesehen werden wollten, zu verbergen, sie für das okkulte Auge und manchmal auch für das menschliche Auge unsichtbar zu machen. Ihr Licht zu verbergen, sodass die dunkleren Kräfte sie nicht aufspüren konnten. Sie zu Schatten zu machen, zu einem Teil des Geschehens, den man nicht wahrnimmt und nicht hört. Natürlich darf dieser Teil meiner Macht nur aus dem richtigen Grund angerufen werden, ansonsten kann es sein, dass sich der Bittsteller Karma auflädt oder seine Bitte einfach nicht erfüllt wird. Jene hingegen, die mich rufen, damit ich sie auf diese Weise beschütze, verhülle oder verberge, können auf meine Hilfe zählen, solange ihre Absichten gut sind.

Man kann mich auch anrufen, um Situationen zu verschleiern, Situationen, die unerwünschte Aufmerksamkeit auf sich ziehen mögen, Handlungen, die bei anderen Argwohn auslösen oder zu Tratsch und letztendlich vielleicht sogar zu Verleumdung führen mögen. Ich kann das Interesse an einer Situation verringern, indem ich sie unsichtbar mache. Auch wenn eine Person angegriffen wird, indem andere das Vorurteil der Menschen auf sie lenken, bin ich der Engel, den sie rufen kann, um sie so lange unsichtbar zu machen, bis es für diese Person wieder sicher ist, dass man ihr Licht sieht. Meine Macht wirkt hier doppelt: Sie erhellt den Geist jener, die argwöhnisch sind, damit sie die wahre Natur der Bestrebungen einer Person besser verstehen können und nicht fälschlich glauben, dass es sich dabei um dunkle und böswillige Taten handelt. Wenn ich Dinge verberge, dann ist mein Schutz weder defensiv noch aggressiv, sondern er ist einfach eine Ablenkung, und deshalb ist er sehr wirksam und einfach anzuwenden. Es lohnt sich, sich das für die Zukunft zu merken.

Ich bin Raziel. Ich bin der Engel der okkulten Sphäre, der Engel der verborgenen Wahrheiten und der längst vergessenen Geheimnisse. Mein Herz und mein Geist enthalten viele Mysterien. Ich hüte viele Schätze der alten Schriften und Bücher, die auf der Erde längst zu Staub zerfallen sind, in meinen Händen, in meinen Lippen. Rufe mich in Zeiten der Not und ich kann dir diese mystischen und magischen Geheimnisse offenbaren. Ich, Raziel, dein Diener und Führer, verabschiede mich jetzt und hinterlasse dir meine Liebe.

Erzengel Kassiel

Der Engel der Kontemplation

Ich bin Kassiel vom Siebenten Stern, Engel der Kontemplation, der inneren Einkehr und der Selbsterforschung. Ich bin der Engel, den man unter anderen Namen kennt, der die Kraft und Macht verkörpert, die man manchmal mit Saturn verbindet. Ich überbringe Karma, ich enthülle deine Bestimmung, ich bin die Hand des Schicksals. Manchmal kennt man mich unter dem Namen Zaphkiel, aber in Wahrheit sind Zaphkiel und Kassiel eins. Ich bin eine Macht, die unerlässlich und unentbehrlich ist, wenn du vorankommen, dich spirituell entwickeln, aufsteigen und wachsen möchtest – eine Macht, die groß und weit verbreitet, aber oft unsichtbar und unbekannt ist. Ich bin der Spiegel des Schweigens, der unaufgefordert und unerwartet herabsteigt, um den plappernden Geist mit seinem eigenen Bild zu konfrontieren. Ich bin die tiefe Stille der Meditation und des Gebets, die das Verborgene zum Vorschein bringt, das wahre Gesicht des Suchenden, das allzu lange verschleiert, unterdrückt und verdunkelt wurde. Vom Göttlichen erschaffen, um der Menschheit dabei zu helfen, ihre Göttlichkeit zu finden, ist es meine Macht, die die Menschen hin zu ihrer eigenen, inneren Wahrheit führt, einer Wahrheit, die häufig unangenehm und schwer zu verdauen ist, die letztendlich aber das einzig Wahre offenbart: dass alle eins sind und dass dieses Eine das Göttliche ist.

In der Gesellschaft, in der du zurzeit lebst, erfährst du nichts über den Wert der Kontemplation oder wie du diesen Zustand herbeiführst. Ich muss die Augenblicke, in denen meine Energie herabsteigen kann, erhaschen, ich muss die Menschen in unerwarteten Situationen überraschen und ihr Bewusstsein in unfreiwilligen Zeiten der Einsamkeit und Stille nach innen lenken, damit sie Lösungen finden, die ihr Bewusstsein, ihren Geist frei machen. Solche Augenblicke bieten sich an den seltsamsten Orten und zu den ungewöhnlichsten Zeiten: auf langen Reisen, wo es nichts anderes zu tun gibt als zu denken; zu Hause, wo ein Mensch vor dem Tumult des Alltags geschützt ist, wo er nicht von den Banalitäten des Lebens abgelenkt wird. Manche spüren mich natürlich von sich aus auf, bringen sich selbst in Situationen, in denen sie gezwungen sind, nachzudenken und sich mit ihrem verborgenen Selbst auseinander zu setzen. Diese Menschen sind bewundernswert, aber manchmal ist ihr Handeln auch töricht, denn nur jene, die bereit sind, in ihr wahres Gesicht zu sehen, können aus diesen Gelegenheiten etwas Positives lernen. Du musst – wie beim Anblick des Gesichtes Gottes – bereit sein, die wahre Natur deines Seins zu erforschen, sonst besteht die Gefahr, dass du Schaden nimmst. Bei meinen Ausführungen geht es unter anderem darum, dir das Wesen, die Kraft und die Bedeutung der Kontemplation näher zu bringen, damit du sie besser verstehst und dich vertrauensvoll darauf einlässt, sodass du meine Präsenz und meine Fähigkeiten nutzen und sie weise einsetzen kannst.

Kontemplation bedeutet, dass du dich dir selbst stellst. Du schenkst den Ablenkungen der Welt keine Aufmerksamkeit, sondern erforscht deine Gedanken und Gedankenabläufe, deine Gefühle und deren Ursprung, deine Motivation und dein Handeln. Es geht darum, über dich und dein Dasein nachzudenken: Warum bist du hier, was ist deine Aufgabe, warum tust du die Dinge, die du tust? Es geht darum, nachzudenken, wer du in deinem innersten Kern bist. Es geht nicht um deine gesellschaftliche Stellung, deinen sozialen Hintergrund oder deine Bildung, sondern um dein wahres Wesen, deinen wahren Charakter. Das ist eine Gelegenheit, deine Konditionierungen, die du von deinen Eltern und von der Gesellschaft erhalten hast, sowie die falschen Wahrheiten, die von Wissenschaftlern verbreitet werden, zu erkennen und loszulassen. Es ist eine Gelegenheit, zu erkennen, woran du wirklich glaubst und was du wirklich erlebt hast. Darüber nachzudenken, in welche Richtung du dich entwickeln möchtest. Warum du hier bist und wie du deine Aufgabe erfüllen kannst. Deinen Lebensplan und Weg zu erspüren und zu erfühlen, um dich nach der Göttlichkeit auszurichten, die in deinem Inneren existiert.

Der göttliche Anteil im Menschen, sein wahres Selbst, jener Teil, der seine Seele, sein höheres Wesen ausmacht, ist wie ein winziger Stern, der im Innersten seines Herzens leuchtet. Das Herzchakra ist ein Fenster, eine Öffnung, durch die das Licht der Seele, des höheren Selbst, hindurchleuchtet. Es scheint durch das Konstrukt des Ego, des niederen Selbst, durch die Persönlichkeit hindurch. Sie ist wiederum ein Medium, das es dir ermöglicht, Realität zu erleben und etwas zu ihr beizutragen. Ein Medium, das großteils durch deine anfänglichen Lebenserfahrungen, deine Erziehung, deine Kultur, Gesellschaft, Religion und Bildung sowie das karmische Erbe, das du aus früheren Leben mitbringst, erschaffen wurde. Die Seele scheint durch diese Linse, durch dieses Medium hindurch, durch das sie vergrößert, verzerrt, kanalisiert und verfärbt zum Ausdruck kommt. Auf deinem Weg der spirituellen Entwicklung, der Selbstfindung und Selbsterkenntnis beginnen natürlich Teile deines niederen Selbst abzubröckeln, da du erkennst, dass es sich dabei in Wahrheit nur um Illusionen handelt, die aufgrund der Meinungen und Anschauungen, die andere Menschen über dich haben, entstanden sind. Je mehr von diesen Illusionen abbröckeln, desto heller leuchtet das Licht der Seele und desto sichtbarer wird dein wahres Selbst. Das wahre Selbst ist eine Kombination aus dem Licht der Seele und dem Licht des Geistes, das nicht aus der Illusion oder den Ansichten anderer entstanden ist, sondern daraus, wie *du* die Realität um dich herum erlebst. Diese Kombination aus Geist und Seele bildet symbolisch das Hexagramm, die Vereinigung des höheren und niederen Selbst, die gemeinsam dein wahres Selbst ausmachen.

Diese Transformation kommt weitgehend durch die Kontemplation zustande, dadurch, dass du darüber nachdenkst, wer du bist und warum du hier bist. Es gibt viele verschiedene Möglichkeiten zu kontemplieren: in der Meditation; auf mentalen, emotionalen oder physischen Reisen, die du in deinem Leben unternimmst; durch Tragödien oder Herausforderungen im Leben und durch Einweihungen – aber die Grundlage dafür ist immer die Stille. Die Stille ist ein Spiegel, in den du schaust. Die Stille ist die glatte, spiegelnde Oberfläche des Sees, in dem du dich selbst sehen kannst. Jede Art von Geräusch ist eine Ablenkung, egal wie einfach oder schön es sein mag. Es gibt dem Bewusstsein die Gelegenheit, sich auf es zu konzentrieren und dadurch eine eigene Art von Verzerrung und Illusion zu erschaffen. Die Stille bietet nichts anderes als den idealen besinnlichen Zustand, den wir brauchen, um uns selbst klarer und besser erkennen zu können. Die Kontemplation ist allerdings eine Kunst. Man kann sie nicht schnell erlernen und beherrschen, man muss sich ihr vielmehr langsam nähern. Wenn du dir vorstellst, dass dein wahres Selbst auf dem Grunde eines Sees liegt, der im Laufe der Zeit durch Sedimente, die hineingefallen sind, trüb wurde, dann kannst du dir vorstellen, dass die Kontemplation (die man durchaus damit vergleichen kann, dass du deine Hand in den See tauchst und den Schmutz am Boden aufwühlst, um dein wahres Selbst zu finden, das dort unten verborgen liegt) zunächst noch mehr Verwirrung und Unklarheit schaffen kann, weil die Sedimente am Grund des Sees aufgewirbelt werden und zur Oberfläche emporsteigen. So verunreinigen sie das klarere Wasser, das du vielleicht seit einiger Zeit versucht hast zu schaffen, sodass die Kontemplation am Anfang eine negative, zermürbende und unangenehme Erfahrung für dich sein kann. Allmählich werden durch dieses Im-Trüben-Fischen jedoch immer mehr Sedimente entfernt. Stück für Stück filterst du den Schmutz heraus, der sich vom Grunde deines Sees gelöst hat, und es tauchen immer mehr und mehr kleine Brocken Wahrheit auf. Nach einer Weile sind die Sedimente beseitigt und du findest dein wahres Selbst, einen Schatz, der sich hinter der Stille verbirgt. Wenn du dann in den See blickst, siehst du dein wahres Spiegelbild und erkennst, dass du göttlich bist.

Ritual

Hier ist ein einfaches Ritual der Kontemplation, die für alle auf dem spirituellen Pfad unerlässlich ist, wenn sie sich weiterentwickeln und aufsteigen wollen. Es sollte mindestens zwei- oder dreimal im Monat, besser noch, einmal pro Woche durchgeführt werden. Es ist eine einfache, aber wirkungsvolle Übung, mit der du»Sedimente« an die Oberfläche bringen kannst, von denen du vielleicht gar nicht weißt, dass sie existieren. Deshalb ist es bei jeder Form der Selbsterforschung oder Kontemplation sehr wichtig, dass du Zeit und Raum in deinem Leben schaffst, um alle Negativität zu verarbeiten, die infolge dieser Übung auftauchen kann. Wenn du innere Einkehr hältst, stimulierst du einen bestimmten Teil des Gehirns, den man»die Höhle von Brahma« nennt. Dabei handelt es sich um einen zentralen Bereich in der Gehirnrinde und beim Meditieren. Beim Ritual, das ich im Folgenden anbiete, wird er angeregt. Bei manchen kann dies ein seltsam vibrierendes oder warmes Gefühl im Kopf auslösen. Das ist ganz natürlich und nichts, worüber du dir Gedanken machen musst. Es ist eher ein Zeichen dafür, dass du die richtigen Bereiche im Gehirn ansprichst.

Sorge dafür, dass du nicht gestört wirst, stelle den Anrufbeantworter an, schließe alle Türen und achte darauf, dass der Platz, an dem du meditierst, so still wie möglich ist. Verbrenne etwas Räucherwerk, wenn du möchtest, und zünde eine silberne oder weiße Kerze an. Setze dich vor die Kerze und nimm dir einen Augenblick lang Zeit, um dich zu zentrieren und zu erden. Atme ruhig und regelmäßig und konzentriere dich auf das Hier und Jetzt. Lasse alle Gedanken frei durch deinen Kopf strömen; nimm sie an, aber schenke ihnen nicht allzu viel Aufmerksamkeit.

Zeichne vor der Kerze zwei ineinander greifende Dreiecke in die Luft, die ein Hexagramm, einen sechszackigen Stern, bilden, der für die Vereinigung des niederen mit dem höheren Selbst steht, und sprich die folgende Invokation:

»Kassiel vom Siebenten Stern, ich rufe dich und erbitte deine Präsenz an diesem Platz, in meinem Geist und in meinem Herzen. Großer Enthüller der Wahrheit, Engel der Kontemplation und Selbsterforschung, beruhige die Wellen, die mein Geist schlägt, besänftige mein Herz. Mach diesen Ort zu einem Spiegel, in dem ich endlich mein wahres Selbst sehen kann. In vollkommener Liebe und vollkommenem Vertrauen bitte ich dich um diese Dinge. So sei es. Amen.«

Schließe jetzt deine Augen und richte den Blick bei geschlossenen Augen einen kurzen Augenblick lang nach oben zwischen die Augenbrauen, so als würdest du zu deinem Stirnchakra schauen, dann entspanne deine Augen. Hierdurch kann sich das Stirnchakra leicht öffnen. Das Stirnchakra, das Zentrum der Wahrnehmung, wird in der Selbsterforschung und Kontemplation eingesetzt. Stelle dir jetzt zwei übereinander liegende Dreiecke vor, wovon eines nach oben und eines nach unten zeigt, sodass sie ein Hexagramm bilden, das in deinen Kopf projiziert ist. Mache dir keine Gedanken darüber, wie es genau in deinem Kopf liegt. Es steht für energetische Linien, die im Gehirn die Zirbeldrüse, die Hirnanhangsdrüse und den Hypothalamus miteinander verbinden, sowie das Spiegelbild dieser Energielinien. Es reicht, dir dieses Symbol vorzustellen, um die Verbindungslinien anzuregen.

Sobald du dieses Symbol visualisiert hast, stelle dir vor, wie sich dein Bewusstsein immer höher und höher über deinen Kopf hinaus erstreckt. Es steigt wie eine Rakete auf, wie eine Sternschnuppe, die sich einer großen weißen Sonne nähert. Die weiße Sonne ist deine Seele, dein höheres Selbst. Sobald dein Bewusstsein sie erreicht hat, sendet die Sonne einen mächtigen

Strom von weißem Licht zu deinem Körper herab. Er fließt in Form von unglaublich hellen, sich kräuselnden Strahlen. Er strömt durch deinen Kopf hindurch und in dein Herzzentrum hinein. Er öffnet das Herzzentrum und überflutet es mit Licht. Gleichzeitig öffnet sich auch das Stirnchakra weiter und aus diesem Punkt strömt ebenfalls Licht. Du bist in strahlend weißes Licht eingehüllt sowie in violettes Licht vom Stirnchakra und grünes Licht vom Herzzentrum. Es kann sein, dass du nun etwas in deinem Gehirn spürst, da die Verbindungslinien des Hexagramms stärker angeregt sind.

Öffne deinen Geist der Kontemplation. Wenn du Anregungen brauchst, weil es momentan keine Themen gibt, über die du nachdenkst, dann findest du hier einige der üblichen Fragen zur Selbsterforschung: Wer bin ich? Warum bin ich hier? Was kann ich tun, um Erleuchtung zu finden? Wie kann ich meinen Lebenszweck besser zum Ausdruck bringen? Lasse dir diese Gedanken durch den Kopf gehen. Es geht nicht darum, dass du eine Lösung findest, sondern vielmehr darum, dass du über diese Fragen nachsinnst. Dazu musst du konzentriert und gleichzeitig passiv sein, so als ob du in einen Tagtraum versunken wärst.

Vergiss nicht, du suchst nicht nach Lösungen oder Antworten. Wenn sie auftauchen, dann ist das schön und gut, aber es ist die Kontemplation selbst, die dich der Wahrheit näher bringt. Die Wahrheit kommt immer *zu* dir und wird nicht *von* dir geschaffen. Verweile in diesem Zustand, so lange du möchtest. Lasse deiner Kontemplation freien Lauf. Halte nicht an einem bestimmten Thema fest, sondern schlage von deinem ursprünglichen Thema aus verschiedene Richtungen ein und erforsche unterschiedliche Bereiche deines Selbst.

Bringe nun nach und nach dein Bewusstsein zurück zu deinem Herzzentrum und deinem Stirnchakra, die weit geöffnet sind und aus denen weißes Licht strömt. Beende deine Kontemplation bewusst, löse dich vom höheren Selbst, der Seele, und lasse die letzten Lichtstrahlen, die auf dich herabfallen, durch deinen Körper hindurch in dein Energiefeld fließen. Spüre, wie dein Bewusstsein von der Seelenebene hinabsteigt und sieh und spüre, wie das Stirn- und Herzchakra wieder in ihren Normalzustand zurückkehren. Das Abbild des Hexagramms in deinem Kopf beginnt zu verblassen und das Vibrieren in deinem Gehirn lässt nach. Atme ein paar Mal tief durch und erde und zentriere dich auf die übliche Weise. Bitte schließlich um Schutz. Lösche die Kerze aus und bewahre sie sicher auf, damit du für diese Übung immer nur diese Kerze verwenden kannst.

Sorge dafür, dass du völlig geerdet bist, bevor du in deinen Alltag zurückkehrst, indem du zum Beispiel ein paar der interessanteren Erkenntnisse aufschreibst, die dir gekommen sind, oder indem du eine Tasse Kaffee oder Tee oder ein Glas Wasser trinkst oder kurz in den Garten hinausgehst und dich ganz mit Mutter Erde verbindest.

ENDE DES RITUALS

Es dauert nicht lange, bis du diese Übung beherrschst, aber ihre Kraft sollte nicht unterschätzt werden. Die Stille ist maßgeblich für ihren Erfolg und je öfter du die Gelegenheit hast, längere Zeiten der Stille einzuhalten, desto eher gelingt es dir, diesen Zustand der Kontemplation automatisch herbeizuführen.

Allein durch die Selbsterforschung und Kontemplation wirst du frei von den Illusionen deines Lebens und frei von den Illusionen deiner Welt. Allein durch die Stille und die Kontemplation kannst du Kontakt zum Göttlichen aufnehmen, obwohl es viele verschiedene Möglichkeiten gibt, diesen Zustand herbeizuführen, und viele verschiedene Begriffe, mit denen er bezeichnet wird. Gebet, Meditation, Atemtechniken, das Rezitieren von Mantras, selbst gewisse Körperhaltungen können Augenblicke der Kontemplation und Selbsterforschung auslösen. Sei dir aber bewusst, dass viele der Dinge, die anfangs an die Oberfläche kommen können, vielleicht negativ sind. Es wäre deshalb gut, wenn du jemanden hättest, mit dem du darüber sprechen kannst.

Als der Engel, der diese großen und mysteriösen Kräfte verkörpert, bin ich die grundlegende Präsenz für all jene, die danach trachten, erleuchtet zu werden und aufzusteigen. Sei dir bewusst, wer und was ich bin, und rufe meine Präsenz und meine Macht wohlüberlegt an. Einstweilen hinterlasse ich dir meine Liebe und mein Licht, meine Wahrheit sowie Vertrauen und Frieden.

Erzengel Lassiel

Der Engel der Weihung

Ich bin Lassiel, der Engel der Weihung. Ich bin der Engel des Lichts, der die Brücke aus Feuer bildet, über die die göttliche Macht in deine Welt eintreten kann und die alltäglichen Dinge im Namen der Quelle göttlich macht. Die Weihung schien bis vor kurzem den Priestern deiner Religionsgemeinschaften vorbehalten zu sein. Das Weihen von Häusern und Orten, Kindern und Gegenständen ist ein Ritual, das vergöttlicht, und wurde als eine Macht erachtet, die nur den Allerheiligsten vorbehalten war, jenen, die selbst vom Göttlichen gesegnet, zum Priester des göttlichen Gesetzes, Lichts und der Wahrheit geweiht worden waren. In Wahrheit stimmt das nicht. Die Weihung ist ein göttliches Recht und eine Macht, die alle besitzen und die sehr wirkungsvoll und nützlich sein kann, nicht nur, um den göttlichen Plan zu enthüllen, sondern auch um Menschen und Orte vor den dunkleren Kräften, die innerhalb deiner Sphäre existieren, zu beschützen.

Ich möchte jetzt genau erklären, was die Weihung ist und wie sie funktioniert. In allem, was von Natur aus organisch ist oder war – wie etwa in einem Baum, in einer Blume, im Honig, im Wasser, selbst in der Luft –, ist göttliche Präsenz. Die göttliche Präsenz existiert in allen Formen der Realität, der sichtbaren und der unsichtbaren, der materiellen und der immateriellen, bis hinunter in die tiefsten, dunkelsten Ebenen deiner Sphäre. In manchen Dingen ist die göttliche Präsenz tiefer vergraben und verborgen, aber man kann sie beschwören und erwecken, und

die Weihung ist eine jener Techniken, durch die dieses kleine
Wunder geschehen kann. Es ist wichtig, gleich an dieser Stelle
festzuhalten, dass künstliche Materialien, wie Plastik und syn-
thetische Stoffe, nur wenig göttliche Energie und Präsenz enthalten. Es ist viel schwieriger, diese Materialien zu weihen, und
der Anteil des Göttlichen, der in ihnen freigesetzt werden kann,
ist immer geringer als jener, der in natürlichen Strukturen zum
Vorschein gebracht werden kann.

Das Freisetzen des Göttlichen in natürlichen Strukturen, egal
ob tot oder lebendig, erfolgt durch die Weihung, durch die dieser innewohnende göttliche Funke betont und verstärkt und das
Objekt energetisch und auch auf der subatomaren Ebene transformiert wird. Deine Wissenschaftler sind gerade erst dabei, den
subatomaren Bereich zu erforschen und zu verstehen. Es gibt
vieles, das sie noch nicht erblickt haben, und es gibt noch vieles, das sie nicht verstehen. Aber sie wissen, dass es existiert und
dass es auf gewisse Weise den Gesetzen der Physik widerspricht,
dass es sich dabei um einen ganz eigenen Bereich mit unbegrenzten Potenzialen handelt. Genau diese Ebene ist es, auf der
die göttliche Präsenz gegenwärtig ist, auf der feinsten und ein-
fachsten Ebene. Und es ist diese Ebene, die sich sofort ändert,
wenn diese Energie freigesetzt wird, wenn sie wie eine nuklea-
re Kraft explodiert und dieses winzige, innere Universum transformiert, sodass es mehr vom Göttlichen erfüllt und mehr von
der Präsenz der Quelle energetisiert ist.

Es stimmt schon, dass sich das auf die grobstoffliche und mo-
lekulare Struktur des Objekts auswirkt, aber auf eine Weise, die
gegenwärtig wissenschaftlich nicht messbar ist, die sensible
Menschen aber spüren können. Der Weiheakt macht etwas also
noch göttlicher. Er setzt die innere Göttlichkeit frei und macht
das Objekt heilig. Das bedeutet, dass dieses Objekt stärker auf
die Präsenz und Macht der göttlichen Quelle ausgerichtet wird,
zu einem Gefäß wird, das in Resonanz zum Göttlichen steht
und mit der göttlichen Macht aufgefüllt werden kann, sodass

es mehr und mehr Kraft aufnimmt und immer stärker mit der göttlichen Quelle verbunden ist. Das Objekt selbst übernimmt im Laufe der Zeit gewisse göttliche Kräfte, etwa die Kraft zu heilen oder zu inspirieren; die Kraft, einen Menschen auf die heilige Präsenz der Quelle oder auf eine ihrer vielen Ausdrucksformen oder Archetypen auszurichten. Das Objekt wird fähig, die Absicht jener, die ihre Gebete auf es richten, zu verstärken. Es wird zu einem Brennpunkt, einem Gefäß und einem Verstärker für jede wahre Absicht, für Liebe, für Frieden und für jeden wahren Wunsch.

Genau genommen ist es egal, um welches Objekt es sich dabei handelt, ob es ein Sessel, ein Tisch, ein Fensterbrett oder eine Statue ist, die Mutter Maria darstellt. Es gibt aber natürlich bestimmte Objekte, die man leichter als göttlich anerkennt. Das Bewusstsein und die Wahrnehmung des Menschen wirken sich stark und nachhaltig auf seine Umgebung aus, und wenn irgendein Gegenstand für ihn das Göttliche darstellt, dann wird dieses Objekt aufgrund dieses Empfindens göttlicher. Es fällt dem Menschen leichter, die göttliche Energie in diesem Objekt zu verankern und dadurch mehr von der göttlichen Macht und Präsenz zu empfangen. Doch selbst wenn ein ungewohntes Objekt geweiht wird, werden sensible Menschen das spüren, und wenn dieses Objekt auf dieselbe Weise wie eine heilige Statue verehrt und angebetet wird, dann nimmt es im Laufe der Zeit dieselben Eigenschaften und Kräfte an.

Verschiedene Religionen möchten den Menschen glauben machen, dass nur bestimmte Objekte für diesen Zweck verwendet werden können, bestimmte Symbole, Bilder oder Statuen, aber das stimmt nicht. Da das Göttliche in allen Dingen vorhanden ist, kann es natürlich auch in allen Dingen erweckt werden, in einem Baum, egal ob lebendig oder tot, in einem Tisch oder Sessel, in einer Blume oder einem Grashalm, in allen natürlichen Dingen ebenso wie in allen künstlichen Objekten. Durch die Weihung wird das Objekt auf die göttliche Quelle ausgerichtet und auf sie eingestimmt. Es wird zu einem Gefäß für diese Macht und kann bestimmte heilige Eigenschaften und Fähigkeiten übernehmen. Natürlich werden nicht nur Objekte geweiht, sondern auch Menschen, beispielsweise wenn sie eingeweiht oder getauft werden. Bei der Weihung geht es in erster Linie darum, den Körper, den Geist, das Herz und die Seele zu reinigen und auf das Göttliche einzustimmen, damit diese Präsenz den Menschen besser schützen, führen und inspirieren kann. Wenn diese Weihe oder Taufe richtig durchgeführt wird, hat sie den gewünschten Effekt. Ob das Kind, der Mann oder die Frau die göttliche Präsenz, deren Segen ihm oder ihr übertragen wurde, annehmen oder nicht, bleibt jedem selbst überlassen. Wenn der Betreffende es tut, wirkt diese Weihe stärker, weil derjenige sie selbst wahrnimmt und anerkennt. Wenn er es nicht tut, bleibt die Weihe erhalten, wirkt aber schwächer. Natürlich können auch Orte geweiht und einem bestimmten Zweck gewidmet werden, zum Beispiel zum Beten oder zum Heilen. Und wenn an einem Ort, der geweiht wurde, gearbeitet wird, dann baut er eine starke positive Energie auf, die für den vorgesehenen Zweck genutzt werden kann und die allem, was an diesem Ort stattfindet, Kraft gibt und die Menschen vor den dunkleren Mächten schützt, die ihre guten Absichten behindern könnten.

Der Weiheakt dient der Transformation. Er verbindet Himmel und Erde, sodass mehr und mehr göttliches Licht zum Vorschein kommt. Du fragst dich vielleicht, warum wir dann nicht einfach alles, womit wir in Berührung kommen, weihen, wenn wir die göttliche Präsenz stärker in unsere physische Realität einbinden möchten. Und du hast ganz Recht damit, dass dies eine gute Idee wäre. Jene, die stark mit dem Licht verbunden sind, die nach Wahrheit, Liebe und Erleuchtung streben, werden zu lebenden Gefäßen der Weihung und bringen mit jedem Schritt das Göttliche an die Orte, die sie betreten. Alle Dinge und Wesen, mit denen sie in Kontakt kommen; alles, was sie tun, was sie sagen, was sie sind, wird mit dem lebendigen Licht des Göttlichen geweiht. Die Worte, die sie sprechen; die Luft, die sie atmen; das Bett, auf dem sie sich ausruhen; die Nahrung, die sie zu sich nehmen. In gewissen Religionen wird verlangt, dass die Menschen ihre Schuhe ausziehen, bevor sie einen heiligen Ort betreten. Die Menschen glauben häufig, es sei ein Zeichen des Respekts, dass sie die materielle Welt nicht in den göttlichen Raum hineinbringen, sondern diesen in einer demütigeren Haltung betreten. Das stimmt nicht. Moses wurde gebeten, seine Schuhe auszuziehen, bevor er sich der Präsenz des Göttlichen näherte, damit er, wie ein Blitzableiter, die Präsenz des Göttlichen, die mit ihm kommunizierte, in diesen Ort hineinleiten konnte. Wenn wir unsere Schuhe ausziehen, bevor wir einen Raum betreten, dann tun wir das, um ihn mit unserem Licht zu weihen und die individuelle Essenz unserer eigenen Göttlichkeit in diesen Raum hineinzubringen. Jeder Einzelne hat die Macht, die Welt um sich herum zu verwandeln, wenn er möchte. Andere ziehen es vor, sich auf ihre eigene Transformation zu konzentrieren.

Der Weiheakt ist eine mächtige und magische Handlung. Er kann dir das Göttliche näherbringen: an den Ort, an dem du arbeitest und lebst, in deinen eigenen Körper, deinen Geist, dein Herz und deine Seele und in jene Objekte, auf die du dich im Gebet und in der Andacht ausrichten möchtest. Diese Objekte, die dann selbst zu heiligen und mächtigen Reliquien werden, können an andere weitergegeben werden, wenn du sie selbst nicht mehr brauchst oder in die geistige Welt hinübergegangen bist. Natürlich wäre es lächerlich, unsinnige Dinge zu weihen. Statt einen Kühlschrank zu weihen, wäre es weit vernünftiger, die Nahrung selbst zu segnen, bevor man sie isst. Du solltest diesen heiligen Vorgang als das respektieren, was er ist, nämlich heilig, und darfst dich nicht damit verrückt machen, jeden kleinen und noch so lächerlichen Gegenstand in deiner Wohnung, in deinem Haus oder in deinem Leben zu weihen. Es ist aber durchaus sinnvoll, das Glas zu segnen, in das du Wasser gießt, das ein Kranker trinkt. Es ist vernünftig, das Bett zu segnen, in dem jemand liegt, der krank und leidend ist. Es ist durchaus einleuchtend, die Luft, die die Schwingungen des Lehrers überträgt, zu weihen, damit sie das Licht der göttlichen Wahrheit besser in die Ohren der Schüler leiten kann. Es ist auf jeden Fall angebracht, die Hilfsmittel zu weihen, die du für deine spirituelle Arbeit einsetzt.

Hier ist nun ein einfaches Ritual der Weihung, das du für Objekte, Menschen oder Orte verwenden kannst. Wenn ein Objekt, ein Mensch oder Ort geweiht wird, dann hinterlasse ich in ihm mein göttliches Feuer. Das göttliche Feuer dient als eine Brücke, die den Menschen, den Ort oder das Objekt auf die göttliche Präsenz ausrichtet und in seinem Inneren das göttliche Licht wachruft. Sobald dieses Licht einmal erweckt ist, schreckt es die dunkleren Mächte, Präsenzen und Wesen ab, die vielleicht versuchen, diesen Menschen, diesen Ort oder dieses Objekt für ihre üblen Absichten zu benutzen. Es zieht eine Grenze, die von der Dunkelheit nicht überschritten wird. Es gibt natürlich Zeiten, in denen mächtige dunkle Kräfte dem Licht entgegentreten, aber wenn ein Mensch, ein Ort oder Objekt geweiht wurde, ist ihm der Schutz des Göttlichen sicher.

Orte, die durch Dunkelheit, Wut, Angst, Krieg, Mord, Hass, Qual und Schmerz entweiht wurden, zu weihen ist ebenfalls eine sehr berechtigte und heilige Handlung. Diese von der Dunkelheit verwüsteten Flecken wieder ins Licht zurückzuholen, damit das Gewebe deiner Realität wieder heil und ganz wird, ist eine gute und achtbare Aufgabe, zu der ich dich nur ermutigen kann. Allzu leicht denkt man nur an die Menschen, die unter solchen schrecklichen Ereignissen leiden, aber die Welt selbst ist ein lebender Organismus, der auch von seinem Trauma und seiner Not befreit werden muss. Und der Weiheakt kann das bewirken.

Ritual

Setze dich mit dem Menschen zusammen oder nimm den Gegenstand oder begib dich an den Ort, den du segnen möchtest. Es reicht auch, wenn du einfach nur ein Bild oder den Namen

des Ortes vor dir liegen hast. Sorge dafür, dass du nicht gestört
wirst. Spiele ruhige Musik, wenn du möchtest, oder sitze einfach
in der Stille. Verbrenne Räucherwerk mit einer hohen Schwingung, wie etwa Weihrauch, Myrrhe oder Lavendel, und zünde
eine einzelne weiße Kerze an, die du gemeinsam mit den Dingen, die du weihen möchtest, auf den Tisch, Altar, auf das Re-
gal oder den Fußboden vor dir gestellt hast. Eine kleine Schüssel mit Salz und eine kleine Schüssel mit Wasser brauchst du
ebenfalls. Tauche zuerst Zeige- und Mittelfinger der rechten
Hand in das Salz und sage:

*»Geschöpf des Salzes, Geschöpf der Erde, ich reinige und
säubere dich im Namen Gottes von allen Verunreinigungen.«*

Stelle dir jetzt vor, wie sich dein Kronenchakra öffnet und ein
wunderschöner Strahl weißen Feuers in dein Kronenchakra,
durch deinen Kopf und Hals, über deine rechte Schulter und den
Arm in die Schüssel mit Salz fließt, bis dieses in dem weißen,
feurigen Licht erstrahlt. Nimm ein paar Salzkörner und streue sie
in das Wasser. Tauche deine Hände in das Wasser und sprich
jetzt:

*»Geschöpf des Wassers, ich reinige dich von allen Verunrei-
nigungen und Verschmutzungen.«*

Visualisiere wieder den Strahl aus weißem Feuer, der in dein
Kronenchakra, durch deinen Kopf und Hals, über deine Schulter und den rechten Arm in das Wasser strömt, wo er sich mit
der reinigenden Energie des Salzes vermischt und das Wasser
reinigt und säubert. Sage nun:

*»Ich weihe dieses Wasser im Namen Gottes. Ich weihe es
dem Licht, der Liebe und der Wahrheit.«*

Zeichne ein gleicharmiges Kreuz, das du mit einem Kreis um-
gibst, auf die Wasseroberfläche. Achte darauf, das Kreuz wie

folgt zu zeichnen: Von oben nach unten, von links nach rechts. Zeichne den Kreis im Uhrzeigersinn und dreimal hintereinander.

Richte deine Aufmerksamkeit jetzt auf das Objekt, die Person oder den Ort, den du segnen, reinigen und weihen möchtest. Sprich folgende oder ähnliche Worte:

»*Göttliche Quelle des Lichts und der Liebe, bitte hilf mir dabei, ... [Person, Ort oder Objekt] zu weihen. Ich rufe die Macht und Präsenz von Erzengel Lassiel, dem Engel der Weihung, und bitte ihn, mich bei dieser Zeremonie zu unterstützen. Mögen das Licht, die göttliche Liebe und Wahrheit .... [Person, Ort oder Objekt] reinigen, ... [Person, Ort oder Objekt] segnen, ... [Person, Ort oder Objekt] weihen. Möge das dem Wohl aller dienen und niemandem schaden. So sei es.*«

Versprenge etwas Wasser auf die Person, den Ort oder das Objekt und zeichne dann das gleicharmige Kreuz, wie oben beschrieben, darüber. Halte deine Hand mit der Handfläche nach unten, als würdest du auf das Symbol drücken, das du in die Luft gezeichnet hast, und sprich folgende Worte:

»*Durch Licht und Erleuchtung, durch Liebe und Weisheit, durch Wahrheit und Wissen weihe ich .... [Person, Ort oder Objekt] dem Göttlichen. Ich reinige .... [Person, Ort oder Objekt] im göttlichen Licht. Hiermit richte ich die in ihrem/seinem Äußeren und in ihrem/seinem Inneren vorhandene Göttlichkeit aus, verbinde und beschwöre sie, sodass .... [Person, Ort oder Objekt] jetzt und für immer geweiht und heilig sei.*«

Während du diese Worte sprichst, stelle dir vor, wie das gleicharmige Kreuz aus brennendem weißem Licht immer heller und heller wird. Immer stärker steigt das Feuer herab in dein Kronenchakra, fließt durch dich hindurch und in das Objekt, den Ort oder die Person, bis diese von Leuchten erfüllt sind. Halte dieses Bild einen Augenblick lang fest. Du wirst meine Präsenz spüren. Ich stehe hinter dir. Meine Flügel sind aus weißem Feuer und das Leuchten der Weihung strömt durch mich hindurch, in dich hinein und in die Person, den Ort oder das Objekt. Sprich nach einer kurzen Zeit diese einfachen Worte, um das Ritual abzuschließen:

»Es ist getan, es ist vollbracht. So sei es. Amen.«

ENDE DES RITUALS

Du kannst das Wasser im Garten oder in dem Bereich, in dem du das Ritual ausgeführt hast, versprengen. Oder du füllst es in eine kleine Flasche und gibst es an jemanden weiter. Jedes Mal, wenn du dieses Ritual machst, brauchst du natürlich frisches Wasser. Auch das Salz musst du nochmals reinigen, falls es seit dem letzten Gebrauch irgendwie verunreinigt wurde, aber du kannst dasselbe Salz verwenden.

Dieser Weiheakt ist relativ einfach, aber unglaublich wirkungsvoll. Du vollführst ein Ritual der Umwandlung, der spirituellen Veränderung, der Alchemie, der Transformation und der Magie. Du veränderst das Gewebe deiner Realität und bringst es näher an die göttliche Präsenz heran. Dieses Ritual ist ein mächtiges Hilfsmittel, eines das geehrt sowie weise und wohlüberlegt angewandt werden muss.

Nimm dieses Geschenk an. Setze es weise und überlegt ein, in dem Wissen, dass du eine Erweiterung des Göttlichen bist und als solche die ganze Macht der Quelle in dir trägst. In Liebe, voller Licht und Wahrheit, verabschiede ich mich von dir. Sei gesegnet.

Erzengel Jophiel

Der Engel der Kreativität

Ich bin Erzengel Jophiel. Ich bin der Engel der Kreativität und des Spiels, der Engel des Lichts und der Freude, der Engel der Inspiration und der Erfindung. Ich bin die Muse in Engelgestalt, die Geist und Herz vieler Menschen berührt, um sie zu großen Taten zu inspirieren. Manche Menschen halten mich für unwichtig. Sie finden es seltsam, dass Gott in all seiner unendlichen Weisheit einen Engel erschafft, dessen Aufgabe es ist, die Menschheit zu mehr Kreativität zu inspirieren. Manche glauben wahrscheinlich, dass die Kreativität in der menschlichen Evolution keinen Platz hat, dass sie im Vergleich zu Politik, Religion, Philosophie oder Heilkunst unwichtig ist. Genau genommen ist die Kreativität aber der Schlüssel zu all diesen Dingen und noch viel mehr. Die Menschen sind ein mikrokosmisches Abbild des Makrokosmos, dem sie entstammen. Sie spiegeln im Kleinen die große Quelle wider, die einst ihr Zuhause war. Schließlich sind sie Zellen, die dem Körper des großen Göttlichen entnommen wurden und eine unabhängige Existenz erhalten haben. Im Kern ihres Wesens enthalten sie den göttlichen Keim, eine holografische Matrix, der das gesamte unverwirklichte unendliche Potenzial der göttlichen Quelle innewohnt. Sie sind ein Ausdruck und ein Spiegelbild der Göttin und Gottes.

Die göttliche Quelle ist sowohl in ihrer weiblichen als auch in ihrer männlichen Form kreativ. Die göttliche Mutter ist unendlich in ihrer Kreativität, denn von ihr und durch sie wurde alles ins Leben gerufen. Der göttliche Vater ist auf eher sachliche, logische und lineare Weise kreativ. Der göttliche Vater ist der Architekt und die göttliche Mutter ist die Substanz, aus der alle Dinge geformt werden, und deshalb sind beide Seiten des Göttlichen grundsätzlich kreativ. Der Mensch weist in seinem Innersten dieselben kreativen Impulse und Tendenzen auf. Frauen sind mehr mit der göttlichen Weiblichkeit verbunden, mit ihren in erster Linie kreativen Energien, und ihr Wunsch und ihr Bedürfnis, etwas zu erschaffen, beeinflussen in hohem Maß ihr Wohlergehen und Dasein hier auf der Erde. Männer sind stärker mit der linearen, sachlichen, konstruktiven, strategischen Form der Schöpfung des göttlichen Vaters verbunden. Etwas zu erschaffen ist für Männer nicht so dringend erforderlich, weil es sich nicht direkt auf ihre Gesundheit auswirkt, aber es ist ein wesentlicher Teil ihres energetischen Wesens und Musters und deshalb sehr wichtig. Die Kreativität ist also ein wesentlicher Bestandteil der menschlichen Gesellschaft. Die Menschen glauben häufig, dass sie ihr kreatives Denken nur in der Kunst anwenden, um Gemälde und Skulpturen zu erschaffen, beim Singen und Tanzen, als Schauspieler, Schriftsteller und so weiter. In Wirklichkeit ist der kreative Geist aber in allen Bereichen gegenwärtig: Sowohl in der Politik als auch in der Religion, der Philosophie, der Wissenschaft und der Spiritualität, denn all diese Bereiche erfordern Kreativität, damit neue Gedanken und Theorien hervorgebracht und eingeführt werden können. Selbst die spirituelle Entwicklung erfordert Kreativität, da sie hilft, dass Medien Signale, die sie empfangen, oder Heiler Energien, die sie übertragen, richtig interpretieren.

In der Politik macht sich Kreativität nicht nur auf positive, sondern manchmal auch auf negative Weise bemerkbar. Man braucht Kreativität, um eine politische Struktur aufzubauen, um politische Reformen umzusetzen, aber leider auch, um die Illusionen zu erschaffen, mit denen nur allzu häufig ein bestimmtes politisches Ziel durchgesetzt werden soll und politische Persönlichkeiten ihre Macht sichern. In der Philosophie gibt es offensichtlich reichlich Kreativität, wenn man betrachtet, wie die Menschheit mithilfe ihrer Gedanken eine Welt der Ideen erschafft, die zeigt, wie sich die menschliche Seele durch den Geist – über das Bewusstsein, Unterbewusstsein und Überbewusstsein – ausdrückt und sich dem Göttlichen nähert. In der Wissenschaft hat man schon lange erkannt, dass Kreativität der Modus operandi vieler großer Wissenschaftler ist. Einstein, Newton, die großen Wissenschaftler, die die Grundlagen für viele Erkenntnisse in Physik und Chemie schufen, sind häufig durch Tagträume oder kreative Tätigkeiten und nicht durch Mathematik und Logik auf ihre Theorien gestoßen. Für gewöhnlich sind es eher die kreativen Bereiche des Gehirns, die es Wissenschaftlern ermöglichen, sich über die wahre Natur, Struktur und den Aufbau eures Universums klar zu werden.

Kreativität ist für die Menschen unerlässlich, einerseits um sich ihre Gesundheit zu bewahren, andererseits um ihre Welt zu erschaffen, ihre Zivilisationen zu gestalten und die physische Beschaffenheit der irdischen Ebene zu verstehen. Aber es steckt noch mehr dahinter: Die Menschheit versucht, ihrer schöpferischen Quelle nachzueifern, ihr wahres göttliches Potenzial und Wesen zu verkörpern und zum Ausdruck zu bringen. Damit das möglich ist, muss sie ihren kreativen Funken anerkennen und leidenschaftlich einsetzen, nicht nur in der Welt um sie herum, sondern auch bei sich selbst. Sie muss versuchen, alles nach dem göttlichen Ebenbild zu erschaffen, um das, was ist, mit dem, was sein soll, in Einklang zu bringen. Sie muss erkennen, dass ihr kreatives Potenzial nicht auf die Vorstellungen oder materiellen Gegebenheiten ihrer Welt beschränkt ist, sondern auch das göttliche Potenzial der Umgestaltung beinhaltet, das heißt, sie kann mit ihren kreativen Kräften Materie nach ihren eigenen Wünschen umstrukturieren. In den alten Zeiten besaßen die Lemurianer und später die Atlanter zunächst die Macht, ihre Realität durch die Kraft ihres Willens umzugestalten. Zugegeben, die Atlanter hatten ein wenig Hilfe vom Kristallschädel-Kollektiv, dem Konklave, und den Lemurianern kamen die Schechina-Partikel zugute, die Energie der Schöpfung, die die Materie

135

damals so kraftvoll und ungehindert durchströmte, aber dennoch war es ihr kreatives Denken, ihr Wille, ihre schöpferische Energie, die es ihnen ermöglichte, die Welt nach ihren Bedürfnissen und Wünschen umzugestalten. Die Lemurianer erbauten ihre Städte nicht, sondern manifestierten sie, ähnlich wie die Atlanter, die der Erde Kristalle entnahmen, sie vergrößerten und zu Säulen und Türmen formten.

Die Menschheit besitzt dieses Potenzial ebenfalls, aber gegenwärtig ist die Schwingung, die in dieser Welt vorherrscht, viel zu hart und schwer, um Materie umzugestalten und zu verändern. Die Schechina-Energie ist im Augenblick noch sehr eingeschränkt, obwohl jeden Tag daran gearbeitet wird, sie freizusetzen, um Materie mit ihren Informationen aufzuladen und sie formbarer zu machen. Das muss die Menschheit tun, um sich auf die kommende Zeit vorzubereiten, in der Materie ihren Befehlen bereitwilliger gehorchen wird: Sie muss ihre eigenen schöpferischen Kräfte freisetzen. Sie muss das Potenzial, das sie in sich trägt, erkennen und freisetzen. Verstehe mich nicht falsch. Nicht jeder Mensch auf Erden muss ein großer Künstler oder Designer werden. Bei kreativer Energie geht es nicht um künstlerische Veranlagungen und Fähigkeiten, es geht um Fantasie. Fantasie ist die Fähigkeit, sich etwas vorzustellen, das es noch nicht gibt, eine Lösung für ein Problem zu finden. Jeder Mensch besitzt eine praktische Vorstellungskraft, die er nutzen kann, um sich aus einer schwierigen Situation herauszudenken. Wenn diese Fähigkeit gefördert wird, kann der Mensch sie dazu einsetzen, seine Gesellschaft, seine Welt, sich selbst nach einem erleuchteten Vorbild, einem höheren Muster neu zu erschaffen.

Dieses kreative Potenzial freizusetzen gehört zur spirituellen Entwicklung und Entfaltung dazu, denn damit anerkennst, ehrst und würdigst du das göttliche Potenzial in deinem Inneren. Das kleine Ritual, das ich im Folgenden beschreibe, ist für Menschen gedacht, die ihr kreatives Potenzial freisetzen möchten. Jeder kann es ausführen, egal ob Künstler oder nicht. Es unterstützt die Menschen dabei, sich persönlich weiterzuentwickeln und zu transformieren, sodass sie ihrem göttlichen Potenzial näher kommen und ihre kreativen Fähigkeiten dazu einsetzen können, ihre eigenen Wünsche für die Welt um sich herum in Übereinstimmung mit dem göttlichen Plan, ihrem Leben und sich selbst zu manifestieren. Es ist aber auch ein Ritual, das gerade von Künstlern verwendet werden kann, um Blockaden oder Hindernisse, die ihr kreatives Schaffen beeinträchtigen, zu überwinden. Es ist ein Ritual, das dazu dient, Blockaden der Seele zu durchbrechen und Inspiration von oben zu verstärken.

Ritual

Errichte am Vormittag, also vor zwölf Uhr mittags, einen Altar, der mir und den Engeln der Schöpfung gewidmet ist. Der Altar selbst sollte kreativ und in hellen, optimistischen, leichten, positiven, strahlenden Farben, wie Blau, Gold, Gelb, Violett, Orange, gestaltet sein. Lege Objekte auf den Altar, die für Kreativität stehen, wie etwa Kunstpostkarten, kleine Skulpturen; Dinge, die du selbst gemacht hast, die du gestrickt, genäht oder aus beliebigen Materialien gebastelt hast; etwas, was für deine kreative Energie steht, die du in der Vergangenheit freigesetzt hast. Stelle außerdem eine oder zwei Kerzen in Farben, die für meine Energie stehen, auf den Altar, beispielsweise in Gelb, Hellblau oder Smaragdgrün, sowie ein paar Kristalle, die man mit Kreativität verbindet, wie etwa einen Rutilquarz, einen Rauchquarz oder einen Citrin.

Setze dich vor den Altar und zentriere dich. Zünde die Kerze und, wenn du möchtest, etwas Räucherwerk an. Es sollte sich dabei um Räucherwerk handeln, das optimistische und dynamische Energie erzeugt, wie etwa Weihrauch. Oder benutze Duftöle wie Ylang-Ylang oder Patschuli. Erbitte mit folgenden Worten meine Präsenz und die Präsenz der kreativen Engel:

»Ich rufe die Präsenz und die Macht von Erzengel Jophiel, ich rufe die Präsenz und die Macht der Engel der Schöpfung.

Hört mein Gebet, hört meine Bitte und tretet in diesen Raum ein. Segnet mich mit eurer Anwesenheit. Segnet mein Heim, diesen geheiligten Ort, diese heilige Stätte mit eurem Licht. In Liebe bitte ich um diese Dinge. Kommt herbei in Frieden, Wahrheit und Vertrauen. Engel der Schöpfung, erfüllt mich mit eurem Licht und eurer Freude. Befreit mich von allen Hindernissen und Barrieren, die mich davon abhalten, meine eigene kreative Quelle, mein eigenes inneres Potenzial anzuzapfen, um gemäß meinem göttlichen Erbe schöpferisch tätig zu sein. Engel der Schöpfung, befreit den kreativen Funken und Geist in meinem Inneren. Richtet mich nach meiner Quelle aus und lasst mich mein Erbe in vollen Zügen leben, sodass die kreative Energie durch mich hindurch- und aus mir herausströmt und es mir ermöglicht, diese Kräfte in meiner Welt und meinem Leben freizusetzen und auszudrücken.«

Visualisiere, wie von hoch oben eine leuchtende, goldgelbe Flamme in dein Kronenchakra herabsinkt und sich von dort in deinem Körper ausbreitet. Sie fließt durch alle Chakren deines Körpers, durch die Meridiane, in deine feinstofflichen Körper und in die Aura, bis du in flackerndem, glühendem, goldenem Licht erstrahlst. Das Feuer der Schöpfung verbrennt alle Blockaden, die dich davon abhalten, dich der Kreativität und Inspiration zu öffnen. Es strömt durch Verstand und Herz, durch Körper und Seele und verbindet dich wieder mit dem ursprünglichen, kreativen Potenzial deiner Seele. Und es trägt meinen Atem in sich, den Atem der Inspiration, der in den Verstand und das Herz eindringt und die Kanäle der Inspiration und Eingebung öffnet.

Bleibe eine Weile im Licht und Feuer der Schöpfung sitzen und stelle dir dann vor, wie es tiefer in dein Innerstes eindringt, bis es aus deiner Wahrnehmung entschwindet. Richte deine Aufmerksamkeit jetzt ganz leicht und ruhig auf die Situation, in der du kreativ sein möchtest: Ein Projekt, ein Anliegen, irgendein Lebensbereich. Bleibe dabei offen für die Inspiration, die du von den Engeln, von mir und von der göttlichen Quelle, von deiner Seele erhältst. Verharre einen Augenblick lang in Stille und dann, nach einer Weile, lösche die Kerzen aus und bedanke dich bei den Engeln für das Geschenk des kreativen Feuers, das dir gemacht wurde.

ENDE DES RITUALS

Es ist wichtig, dass du in den nächsten paar Tagen für jede Form der Inspiration, die du vielleicht erhältst, offen bleibst. Es ist auch wichtig, dass du dir kreative Ruhezeiten gönnst. Eine kreative Ruhephase ist ein Zustand, in dem du dich deinen Tagträumen hingibst und deinem Geist erlaubst, jede beliebige Richtung einzuschlagen. Vielleicht setzt du dich in den Garten, hörst Musik oder gehst in der Natur spazieren, sodass dein Geist frei umherschweifen, sich zentrieren, sich auf die kreative Vielfalt der Welt um dich herum konzentrieren und sich spielerisch auf die Kreativität einlassen kann.

Kreativ zu sein, gelingt oft am besten, wenn man starre Strukturen durchbricht, denn Kreativität verläuft nicht linear, sondern ist eher nach allen Seiten hin offen. Wenn du daher etwas manifestieren möchtest, solltest du nicht allzu streng dabei sein. Du darfst dir keine starren Grenzen auferlegen und du darfst nicht zu viel Druck auf dich selbst ausüben, denn sonst ist es schwierig, für die kreativen Inspirationen des Universums offen zu bleiben. Mit Farben und Formen zu spielen, Gedanken zu Papier zu bringen, mit jemandem zu sprechen, der dich zu neuen Ideen anregt, das sind wunderbare Möglichkeiten, um der Kreativität freien Lauf zu lassen. Die spielerische Komponente ist bei der Kreativität besonders wichtig, und deshalb solltest du in den Tagen nach dem kleinen Ritual, das ich dir gegeben habe, die Gelegenheit zum kreativen Spielen haben.

Das Ritual ist sehr einfach. Du legst bewusst einen Altar an, sprichst ein Gebet, visualisierst ein wenig, das ist alles, aber trotzdem ist es sehr wirkungsvoll. Kreatives Potenzial steckt in jeder Zelle deines Körpers und in jedem Teil deiner energetischen Gestalt. Es freizusetzen, indem du die kreativen Kräfte meines Reichs anrufst, kann ein äußerst transformierendes Erlebnis sein. Es kann dazu führen, dass du deine Welt in einem völlig anderen Licht siehst und dein Leben neu ordnest. Es kann das Tor in dir öffnen, das es dir ermöglicht, unglaubliche Dinge zu manifestieren. Die kreativen Kräfte meines Reichs dürfen nicht unterschätzt werden, denn sie sind sehr wirksam und können die Welt verändern.

Es war schon häufig meine Aufgabe, im Geist, im Herzen und in den Träumen jener aufzutauchen, die dafür bestimmt sind, die Welt auf nachhaltige und kreative Weise zu verändern. Ich bin die Muse, ich bin die Inspiration, ich bin die Eingebung, die ein Künstler hat, ich bin der Sonnenstrahl, der etwas erhellt, das einen Menschen dazu inspiriert, schöpferisch tätig zu sein. Ich bin der glückliche Zufall, der dazu führt, dass eine Person ein Musikstück komponiert oder sich eine politische Reform ausdenkt, durch die ein Land frei wird. Ich bin der Augenblick der Offenbarung, der Erkenntnis; der Moment, in dem dem verdunkelten Geist sozusagen ein Licht aufgeht. Um all das geht es bei meiner Präsenz und meiner Macht, die für mehr Reformen und Veränderungen in deiner Welt verantwortlich sind, als du dir vorstellen kannst.

Die Kreativität ist eine einfache Sache. Sie ist etwas, was dir schon in ganz jungen Jahren beigebracht wird, aber wenn du älter wirst, vergisst du häufig diese Macht. Du wirst gezwungen, Dinge zu erschaffen, die dem Urteil der anderen gerecht werden, statt sie zu deinem eigenen Vergnügen und zu deiner Freude zu erschaffen. Aber genau das ist es, was zählt. Lasse deine Kreativität zu, du Kind Gottes. Mache dir bewusst, dass jeder, egal ob er ein Künstler ist oder nicht, die Macht hat, kreativ zu sein. Du versuchst nicht, eine »Mona Lisa« oder einen »David« zu schaffen, du versuchst nur, dich selbst in Einklang mit deinem wah-

ren Selbst neu zu erschaffen. Du versuchst, deine kreativen Neigungen und Talente, die nicht alle künstlerischer Natur sein mögen, zu befreien. Du versuchst, dich der Inspiration meiner Präsenz und Macht zu öffnen, und erkennst dabei an, dass du selbst
göttlich bist.

Schreite also voran, erschaffe, spiele. Öffne dich den Inspirationen deiner Welt. Wage es, zu träumen und daran zu glauben, dass du dein Leben und die Welt um dich herum nach deinen eigenen Vorstellungen gestalten und formen kannst. Denke
daran, dass zuallererst die Inspiration und die Vorstellung, dass
etwas verändert werden kann, vorhanden sein müssen, damit
etwas geschieht. Ich bin diese Inspiration und du bist der
Mensch, der sie empfangen und verwirklichen kann. In Liebe
und Licht verabschiede ich mich und hinterlasse dir meine Liebe, umgebe dich mit meinem Segen und schicke dich auf deinen
Weg.

Der Engel des Lichts

Ich bin der Engel des Lichts, der Engel der Erleuchtung, der Engel der Wahrheit. Als Erstgeborener ist es meine Aufgabe, die Macht des Lichts, die Präsenz des Lichts in diesem Universum und in deiner Welt zu hüten und zu beschützen. Das Prinzip des Lichts ist eindeutig und klar. Es soll erhellen, aufklären und die Wahrheit enthüllen. Durch das Licht kannst du sehen, kannst eine Sache von einer anderen unterscheiden, seine wahre Form und Gestalt erkennen, deinen Weg finden. Jene Suchenden, die sich auf dem spirituellen Pfad befinden, versuchen oft, mystische und okkulte Symbole auf sehr kryptische und komplizierte Weise zu deuten, während die Worte oder Bilder, die dazu verwendet werden, um die spirituellen Eigenschaften und Bedeutungen zu beschreiben, eigentlich ganz klar und direkt sind. Jahrhunderte-, wenn nicht sogar jahrtausendelang hat die Menschheit über die Bedeutung des Lichts nachgedacht und meditiert, dabei ist seine symbolische Bedeutung doch ganz offensichtlich und klar. Man muss nach keinen komplizierten metaphysischen Wahrheiten suchen, sondern nur auf einfache, unschuldige, offene Weise zu verstehen versuchen, was Licht bedeutet.

Als Engel des Lichts obliegt es mir, all jene zu beschützen, die daran arbeiten, das göttliche Licht auf die Erde zu bringen. Ich führe sie und helfe ihnen dabei, sich auf die Macht und Präsenz des göttlichen Lichts einzustimmen, indem ich ihr Bestreben, mit dieser Kraft zu kommunizieren, überwache und es ihnen erleichtere, als Kanal oder Gefäß zu dienen, durch den dieses Licht strömen kann. Es ist auch meine Aufgabe, dafür zu sorgen, dass das Licht im Universum nicht aus dem Gleichgewicht gerät, sondern sich mit seinem Gegenstück, der Präsenz des Schattens, der Dunkelheit, die gegenwärtig notwendig ist, um die Dualität und Polarität aufrechtzuerhalten, die Waage hält. Das Gesetz der Polarität, das hier vorherrscht, muss befolgt werden, bis der Mensch so bewusst ist, dass er sich selbst aus den Begrenzungen des universellen Gesetzes befreien kann. Das ist erst dann möglich, wenn das Bewusstsein der Menschen und das Universum selbst höhere Schwingungen erreicht haben und die Einschränkungen des universellen Gesetzes, die in den niedrigeren Frequenzen der Realität gelten, transzendieren können. Bis dahin muss das Gleichgewicht bestehen bleiben. Aber dennoch liegt es in der Natur von Licht und Dunkelheit, dass sie versuchen, sich gegenseitig zu verzehren und den anderen zu übertreffen, und obwohl das Gleichgewicht gewahrt bleiben muss, befinden sich Licht und Dunkelheit ständig und ewig im Krieg miteinander, suchen nach Gelegenheiten, zu wachsen, den anderen zu verzehren, zu triumphieren, größer als der andere zu werden.

Und es gibt Kräfte, Intelligenzen, die über die Dunkelheit herrschen und dieselbe Aufgabe erfüllen wie ich in deinem Universum. Sie sorgen dafür, dass die Dunkelheit, der Schatten, nicht aus dem Gleichgewicht gerät. Meine Intelligenz und die Intelligenz meines Gegenstücks überwachen diese Kräfte, sind aber nicht Teil von ihnen. Unsere Pflicht ist es nur, Harmonie zu wahren und zu versuchen, diese Kräfte im Zaum zu halten, mit denen wir verbunden sind, und sie davon abzuhalten, einander auf unharmonische Weise zu verzehren. Alles, was im Makrokosmos geschieht, geschieht auch im Mikrokosmos. Unsere Existenz ist an die vorherrschenden psychischen Aspekte deines eigenen Bewusstseins angepasst, das versucht, in deinem Inneren ein Gleichgewicht zwischen den hellen und dunklen Teilen deines Geistes zu bewahren.

Der Mensch neigt von Natur aus dazu, gut und positiv zu sein, aber er hat auch ein dunkles und bösartiges Element in sich. Diese Kraft, auch »Schattenselbst« genannt, enthält all das, was beim Menschen als gewissenlos, dunkel und schändlich gilt: Wut, Zorn, Eifersucht, Angst, Neid, Rachsucht, Dunkelheit, Hass. Die Kräfte kommen von Zeit zu Zeit im Menschen an die Oberfläche und verzehren ihn in Form von Krieg, Aggression, Kontrolle und Tyrannei. Die Kräfte erfüllen jedoch eine Funktion, genauso wie die Dunkelheit, der Schatten in deinem Universum. Sie motivieren und stärken, sie führen und lenken auf negative Weise. Sie ermöglichen es dir, das Licht in deinem Dasein klarer zu sehen, und helfen dir, das zu transzendieren, zu dem du nicht werden darfst.

Einer der ersten Schritte dabei, dich persönlich weiterzuentwickeln, deine Spiritualität zum Ausdruck zu bringen, besteht darin, zu erkennen, dass Licht und Dunkelheit in deinem Inneren und in der Welt um dich herum existieren. Es geht nicht darum, zu verstehen, was man dir in Bezug auf gesellschaftsfähiges Verhalten beigebracht hat, sondern darum, dass du dir auf einer tiefen, inneren, spirituellen Ebene bewusst machst, dass es Licht und Dunkelheit gibt, dass es etwas gibt, das erweitert, enthüllt und offenbart, und ebenso etwas, was verzehrt, verhüllt und verschleiert. Hass und Angst, Wut und Unterdrückung, Tyrannei und Gier verhüllen die Wahrheit, verbergen das Licht, verzehren das Positive, schwächen das Göttliche, während Licht und Wissen, Heilung und Liebe, Freude und Optimismus Möglichkeiten und Potenziale eröffnen, die das Göttliche bewusster und sichtbarer machen.

Das Licht erhellt und erleuchtet, enthüllt die Wahrheit. In der New-Age-Bewegung, unter spirituellen Menschen, spricht man viel davon und verwendet den Begriff »Licht und Liebe« als Gruß, als Ausdruck positiver Energie und guter Gedanken. »Licht und Liebe« oder »weißes Licht« ist eine Energie, die deine Entwicklung, deine Entfaltung, dein Wachstum fördert und den göttlichen Funken in deinem Inneren entfacht. Dieses Licht bringt Erleuchtung und Erkenntnis, und wenn es in positiver Absicht ausgesandt wird, hilft es jenen, die krank sind oder leiden, die verwirrt oder verzweifelt sind, den wahren Weg zu erkennen, der sie aus ihrer gegenwärtigen Situation herausführt. Es gibt ihnen wieder Mut, stellt ihre Verbindung zum Göttlichen her, damit sie weitermachen können. Es ist eine Energie, die heilt, indem sie Wissen vermittelt; eine Energie, die frei macht, indem sie Klarheit und Verständnis schafft. Es ist eine Energie, die jede dunkle Situation durch Wissen und Wahrheit umwandeln kann.

Die Wahrheit, die vom Licht kommt, ist nicht immer äußerlich. Du selbst erschaffst und bestimmst deine Realität durch die Art und Weise, wie du dich selbst wahrnimmst und wie du deine Annahmen in Bezug auf deine eigene Person auf deine Realität überträgst. Wenn du Aussagen, die in deiner Jugend über dich gemacht wurden, übernommen hast, wie etwa, dass du bedauernswert, dumm und minderwertig bist, dann erschaffst du dir eine Realität, die genau dazu passt. Wenn du daran glaubst, dass du stark, weise, intelligent, wertvoll und gut bist, dann schaffst du dir selbst eine Umgebung, die dich darin unterstützt und bekräftigt, weiterhin an diese Dinge zu glauben. Wenn dir Licht geschickt wird, bewirkt es, dass es die Wahrheit über dich selbst erhellt. Es hilft dir, dein wahres Wesen zu erkennen, Konditionierungen und Aussagen, egal ob sie auf Eltern oder Gleichaltrige, Lehrer oder Freunde, Gesellschaft, Religion oder Politik zurückzuführen sind, abzulegen. Das Licht erhellt eine Person und somit die Welt um diese Person herum, sodass sie so gesehen werden kann, wie sie wirklich ist, und dadurch mehr sie selbst wird. Die Liebe, die das Licht begleitet, ist die göttliche Liebe, die einem Menschen den Mut gibt, die Wahrheit über sich selbst zu entdecken, wobei er weiß, dass er aus dieser göttlichen Liebe die Kraft schöpfen kann, die er braucht, um sich selbst und die Welt um sich herum zu verändern. Die Liebe, die Teil dieses Lichts ist, zeigt dem Menschen, dass er von Gott geliebt wird und deshalb niemals allein ist.

Ritual

Das folgende Ritual ist ein Ritual der Liebe und des Lichts, die du Menschen, Orten oder Situationen schicken kannst, wenn du nicht weißt, wie du sonst helfen sollst. Wende es an, wenn ein Problem so kompliziert ist, dass du nicht weißt, wohin du deine Energien lenken sollst; wenn eine Situation hoffnungslos erscheint; wenn ein Mensch ein Wunder braucht, um sein Fehlverhalten zu erkennen, oder wenn man ihn aufwecken muss, damit er die Schönheit seiner eigenen Seele erkennt. Wenn möglich, verwende ein Foto von der Person oder irgendein Bild, das für den Ort oder die Situation steht, der du Liebe und Licht schicken möchtest. Es reicht, wenn du einen Zeitungsausschnitt oder ein Foto aus einer Zeitschrift verwendest. Oder schreibe einfach nur den Namen der Person, des Ortes oder der Situation auf ein Blatt Papier. Nimm eine weiße Kerze, die du in einen Kerzenhalter stellst, und sorge dafür, dass du das Ritual zu Ende führen kannst, ohne gestört zu werden. Suche dir einen ruhigen Platz für das Ritual und verbrenne Weihrauch, Lavendel, Fichte, Sandelholz oder Jasmin. Die Musik sollte ruhig sein.

Konzentriere dich auf das Foto oder auf das Blatt Papier. Zünde die Kerze an und schaue einen Augenblick lang in das Licht ihrer Flamme. Sprich dann folgende Worte:

»Ich bin die göttliche Flamme. Ich bin die Flamme der Göttin und des Gottes. Ich bin ihr Licht auf Erden, das durch mich hindurchleuchtet. Erstrahle, um die Dinge zu erhellen, um sie sichtbar und bewusst zu machen. Erstrahle, um den Weg zu erhellen und die Wahrheit zu enthüllen.«

Wiederhole diese Invokation noch zweimal und stelle dir dann in deinem Herzen eine Flamme vor, ähnlich der Kerzenflamme. Lege deine Hände vor deinem Herzen zusammen, so wie du sie traditionell zum Gebet faltest, und konzentriere dich auf diese Flamme, die in deinem Inneren größer und größer wird. Sieh, wie sie sich ausdehnt. Sieh, wie sie sich zu einer Säule aus Feuer entwickelt, die deinen Körper hell erleuchtet, die sich um dich und in deine Aura hinein und den Bereich um dich herum ausdehnt. Sprich jetzt folgende Invokation:

»Ich bin die Liebe Gottes. Ich bin die Liebe der Göttin. Ihre Liebe manifestiert sich in mir und diese Liebe heilt, diese Liebe beruhigt, diese Liebe richtet neu aus, diese Liebe schützt und weist den Weg. Ich bin die göttliche Liebe.«

Während du diese Worte sprichst, und zwar dreimal hintereinander, wird das Licht, das aus dem Zentrum deines Herzens leuchtet, von einem zarten rosafarbenen Strahlen erfüllt, bis du zu einer lebenden Flamme aus zartem rosafarbigem Licht wirst. Denke jetzt an die Person, den Ort oder die Situation, der beziehungsweise dem du diese Liebe und dieses Licht schicken möchtest. Sieh, wie das Licht und die Liebe von dir zu ihr oder ihm strömen, während du deine Aufmerksamkeit auf diese Person, diesen Ort oder diese Situation richtest. Die Liebe und das Licht kommen vom Göttlichen und du bist die Linse, durch die die Energie aufgrund deiner Absicht und deinem Willen gebündelt und ausgestrahlt wird. Sie sind grenzenlos und unendlich. Sie erfüllen die Person, den Ort oder die Situation. Das Licht und die Liebe sind erhellend, erhebend, fürsorglich, wegweisend, schützend und dringen tief in das Herz, den Geist und die Seele jener ein, auf die du dich konzentrierst. Gib dich einen Augenblick lang deiner Absicht und deiner Visualisierung hin. Wenn du mit der Visualisierung fertig bist, komme in deinen Körper, in deinen normalen Bewusstseinszustand zurück, lasse das Licht zur flackernden Flamme in deinem Herzen zurückkehren und sprich diese Worte des Dankes und des Gebets:

»Großer und mächtiger Gott, ich danke dir dafür, dass ich dem göttlichen Licht dienen durfte, um meine Welt mit Liebe zu erleuchten. Dank und Segen dem Göttlichen, dessen Funke in meinem Inneren brennt.«

Lösche die Kerze aus, räume sie weg und verwende sie nur für diesen Zweck. Lasse dir etwas Zeit, um dich zu erden und zu zentrieren, bevor du wieder in deinen Alltag zurückkehrst.

ENDE DES RITUALS

In deiner Welt gibt es viele Missverständnisse und eines davon betrifft mich. Ich bin Luzifer, der Engel des Lichts, der Überbringer des Lichts, der Engel der Helligkeit, der in der christlichen Mythologie als der Engel betrachtet wird, der im Himmel den Krieg unter den Engeln auslöste und von Michael in den finsteren Abgrund der Hölle verbannt wurde. In Wahrheit war ich der Erstgeborene. Ich erschuf aus meinem Licht Melchisedek, der wiederum Michael, den Engel des irdischen Feuers, erschuf. Ich wurde nicht wegen meines rebellischen Wesens aus dem Himmel verbannt, mir wurden vielmehr wegen meiner Liebe zum Licht und zur Menschheit die Aufgabe und das Vergnügen übertragen, über Licht und Dunkelheit in deiner Dimension zu wachen und dafür zu sorgen, dass es immer Licht und Hoffnung gibt. Der Mensch bringt die Wahrheit durcheinander, verzerrt die Fakten und manchmal ordnet er jene, die im Licht geboren wurden, der Dunkelheit zu. Die Menschheit täte gut daran, zu erkennen, dass die Geschichte nicht genau so verlaufen ist, wie sie in Erinnerung bleibt und dass es manchmal besser wäre, sich auf die Gegenwart zu konzentrieren als auf eine ungewisse und ungenaue Vergangenheit.

Ich bin der Engel des Lichts und du kannst mich jederzeit rufen, um Licht in eine Situation zu bringen. Um Licht in deine Gedanken, deine Gefühle, deine Arbeit, deine Welt zu bringen. Zu schützen, zu klären, zu erhellen und zu offenbaren, darum geht es mir im Grunde meines Wesens. In Liebe und Wahrheit übergebe ich dir dieses Wissen und verabschiede mich.

Die Cherubim

Die Engel des Netzes der Liebe

Wir sind die Cherubim, die Engel der Liebe, ein Kollektiv, das aus dem Göttlichen geboren wurde. Es ist dazu bestimmt, die Kräfte der Liebe in deinem Universum zu schützen und zu verkörpern. Wir sind gekommen, um von der Liebe zu sprechen, um dir ihr wahres Wesen und ihre Bedeutung zu erklären, um dir einige ihrer Geheimnisse und Kräfte zu offenbaren und dir bewusst zu machen, dass sie in deinem Inneren und in der Welt um dich herum gegenwärtig ist. Viele Menschen glauben, dass Liebe die höchste Macht ist. Das stimmt nicht. Sie ist die zweithöchste Macht. Der Wandel, die Evolution, ist die größte Kraft, die es gibt. Sie ist die Ader, die alles, was existiert und nicht existiert, durchzieht, die alles drängt und antreibt, sich weiterzuentwickeln und zu entfalten, sich zu verändern und zu transformieren, mehr zu werden, als es bereits ist. Die Liebe untersteht dieser Macht. Sie wird dazu ermutigt und angeregt, sich zu verändern, sich aus ihrem ursprünglichen Zustand in einen höheren Daseinszustand zu verwandeln, etwas zu werden, das ursprünglich noch nicht vorhanden war. Liebe ist eine Energie, eine Kraft, die eine Art Bewusstsein oder Intelligenz hat. Sie ist ein Kraftfeld, das überall und jederzeit existiert. Wie alle anderen Energieformen gibt es sie in unterschiedlichen Frequenzen und Schwingungen, das heißt, es gibt verschiedene Formen der Liebe, die du erleben kannst. Viele Menschen glauben, man kann die Liebe nur auf eine ganz bestimmte Art und Weise erleben, aber das stimmt nicht. Liebe existiert in vielen Formen, an vielen Orten, auf viele Arten.

Die Menschheit versucht seit langem, das Wesen der Liebe zu verstehen, und ist zu dem Schluss gekommen, dass Zuneigung nicht Liebe ist, Begehren nicht Liebe ist, Lust nicht Liebe ist, Neid nicht Liebe ist. Aber diese Behauptungen sind falsch. Diese Emotionen, diese Gefühlsäußerungen *sind* Liebe, Liebe in einer niedrigeren Form, Liebe mit einer dichteren Schwingung, aber doch Liebe. In ihrer höchsten Ausdrucksform ist Liebe Güte, Gnade, Mitgefühl. Liebe ist bedingungslos und grenzenlos. Das sind die höheren Oktaven, in denen die Energie der Liebe zum Ausdruck kommen kann. Sie sind das Höchste, zu dem sich Neid, Lust, Begehren und Zuneigung entwickeln können. Wenn ein Mensch einen anderen trifft und sich in ihn verliebt, dann ist die Liebe, die er diesem Menschen entgegenbringt, ganz anders als die Liebe, die er einige Zeit später für denselben Menschen empfindet. Manche sagen, dass dieser Liebesrausch, den zwei Menschen zu Beginn ihrer Beziehung erleben, vergehen muss und das, was übrig bleibt, wahre Liebe ist. Die etwas Zynischeren würden sagen, dass im Laufe einer Beziehung die Liebe schwindet. Sie sterbe wie alles in der Natur und übrig bleibe Toleranz, Zuneigung, Bequemlichkeit oder Sicherheit. Es stimmt schon, dass die Liebe sterben kann. Es stimmt schon, dass die Liebe manchmal nicht von Dauer ist, sondern nur eine kurze Weile anhält. Aus einer mächtigen Explosion konzentrierter Liebe, die vielleicht nur ein paar Tage dauert, kann man viel lernen, und es wäre falsch zu sagen, dass die ersten Knospen der Liebe nicht echt sind, denn das sind sie. Sie sind der Funke, der die Energie der Liebe entfacht, und sie sind mächtig, stark und rufen Erinnerungen wach. Es wäre aber falsch, zu sagen, dass die Liebe, die dann folgt, die wahre Liebe ist. Es handelt sich einfach um eine andere Form von Liebe. Es wäre auch falsch, zu sagen, dass jede Liebe verkümmert und stirbt, denn das ist nicht der Fall. Manche Liebe ist ewig und unendlich. Manche Liebe hält für immer, aber jede Liebe verändert sich und wird durch die Zeit, die vergeht, und durch die Macht der Veränderung transformiert. Nichts bleibt gleich und obwohl die Liebe, die nach vielen Jahren einer Beziehung besteht, vielleicht nicht leidenschaftlich und intensiv ist, handelt es sich genauso um Liebe wie damals zu Beginn der Beziehung. Sie ist einfach gereift, hat sich in etwas weniger Intensives, aber genauso Mächtiges verwandelt.

Die Menschen haben sich in eine Illusion verstrickt, von der sie genau wissen, dass sie falsch ist. Sie glauben, dass Beziehungen für immer halten sollten, dass eine Ehe wenigstens ein Leben lang bestehen sollte und dass zwei Menschen, die einander begegnen und sich verlieben, zusammenbleiben sollten, bis sie sterben. Diese Art von Beständigkeit ist unnatürlich. Keiner kann die Zukunft vorhersagen. Niemand kann nach dem ersten Anzeichen der Liebe sagen, dass er diese Person für immer lieben wird. Menschen verändern sich. Umstände ändern sich. Manchmal werden Menschen zusammengeführt, um für sehr kurze Zeit die ganze Intensität ihrer Liebe zu erleben, und gehen dann wieder getrennte Wege, um mit anderen Menschen eine andere Art von Liebe zu erleben. Da sich die Menschheit selbst die Illusion der Monogamie und der Institution Ehe mit all ihren Einschränkungen auferlegt hat, ist sie in etwas gefangen, von dem sie im Innersten ihres Herzens weiß, dass es nicht richtig ist, das sie aber trotzdem dazu verwendet, Karma zu erzeugen, wenn die Beziehung scheitert. Manche Menschen sagen, dass das Scheitern so vieler Ehen ein Zeichen für mangelnde Moral und Tugend ist. Die Menschen seien nicht imstande, an einer Situation zu arbeiten, die nicht unbedingt vollkommen ist. Andere wiederum behaupten, dass die Menschen bewusster werden und sie gewissen Wahrheiten näher kommen, die sie nicht klar ausdrücken oder verstehen können, die aber ihr Handeln bestimmen. Sie wissen, dass es ihnen nicht bestimmt ist, mit dem Menschen, den sie kennenlernen und heiraten, für immer zusammenzubleiben. Sie wissen, dass sie sich, wenn die Zeit kommt, trennen und andere Beziehungen eingehen müssen, auch wenn dies bedeutet, dass die Familie auseinanderbricht. Manche sagen, dass sich die Menschen unbewusst von den durch falsche religiöse Vorstellungen hervorgerufenen Illusionen

über die Institution Ehe befreiten und sie jetzt dem Trommel-
schlag ihrer eigenen Seele folgen und eine Lebensweise wählen, die ihrem wahren Selbst näher kommt.

Man kann sich die Liebe als ein Energienetz vorstellen, ein Netz,
das das gesamte Universum umspannt. Die Punkte, an denen
sich die Linien des Netzes, die Fäden des Geflechts kreuzen,
stellen Menschen dar. Menschen sind Knotenpunkte der Liebe.
Im Herzen jedes Menschen laufen die Fäden der Liebe vieler
Menschen zusammen. Die Liebe ihrer Eltern, ihrer Kinder und
ihrer Freunde, die Liebe ihrer Haustiere und die Liebe, die sie der
Natur entgegenbringen, die Liebe, die Glück und Freude in ihnen auslösen, die Liebe, die sie für das Leben, das Lachen und
das Dasein empfinden. Liebe gibt es nicht nur zwischen Menschen, sondern auch zwischen Mensch und Tier, zwischen
Mensch und Natur, zwischen einem Menschen und einer bestimmten Situation oder Zeit, zwischen Menschen und Objekten, zwischen einem Menschen und der Wahrheit sowie zwischen Menschen und sehr abstrakten und immateriellen Dingen.
Die Liebe ist eine Kraft, die nicht an Bedingungen gebunden ist,
sondern in jeder Form und an jedem Ort existiert. Dieses Netz
der Liebe sorgt dafür, dass die Menschen miteinander verbunden bleiben. Es ist Teil eines Fadens, den man als »Faden der Gemeinsamkeit« bezeichnet. Er verbindet alle Menschen durch
das, was sie gemeinsam haben: ihren Ursprung in der Quelle,
dem Göttlichen. Gott war es, der dieses Netz der Liebe gespon-
nen und die Menschen miteinbezogen hat. Er stellte sie an diesen Schnittpunkten auf, damit sie das Netz durch die Liebe, die
sie erzeugen, erleben und zum Ausdruck bringen, aufrechterhalten können. Aber manchmal kann das Netz beschädigt werden.
Es kann durch Hass und Misstrauen, durch Angst und Neid,
durch Eifersucht, Wut, Vorurteile, durch Gehässigkeit, durch
Bösartigkeit, Bosheit oder durch Dunkelheit entzweigehen. Das
Netz ist sehr robust und kann sich selbst erneuern, aber wenn
Menschen Vorurteile gegenüber anderen hegen, wenn sie vor einer bestimmten Glaubensrichtung Angst haben, wenn sie ein

bestimmtes Volk hassen, wenn sie voller Entsetzen darüber sind, was andere Menschen getan haben, dann gefährden sie das Netz der Liebe und schwächen die Gemeinsamkeit, die alle verbindet. Sie isolieren sich von ihren Mitmenschen und von Gott und stärken die Illusion der Trennung.

Wenn wir unsere Hand in das Netz hinein ausstrecken und seine Linien und Fasern ertasten, wenn wir anerkennen, dass in allem, was existiert, in jeder bewussten und unbewussten Lebensform, Liebe vorhanden ist, dann helfen wir, das Netz um uns herum neu zu spinnen. Es gibt auf der Erde keinen Menschen, egal ob Mann, Frau oder Kind, der die Liebe nicht kennen gelernt hat, der nicht geliebt wurde, der nicht geliebt hat, der die Liebe nicht in der einen oder anderen Form erlebt hat. Vielleicht hat er die Liebe nicht durch einen anderen Menschen erfahren, aber zumindest durch die göttliche Quelle oder durch die Natur, das Licht, das Leben, die Freude, das Essen, den Frieden, die Sicherheit oder die Behaglichkeit. Oder er wurde von jemandem geliebt, den er gar nicht kannte, dem er nur flüchtig begegnete. Jeder Mensch, egal wie viel Dunkelheit oder Licht seine Seele ausstrahlt, hat Liebe erfahren und das ist, was alle Menschen verbindet und vereint. Dadurch können sie die Grenzen des Vorurteils und der Angst überwinden und kommen dem Zustand der bedingungslosen Liebe näher, sodass sie das Licht des Göttlichen und der Seele, das selbst im dunkelsten Menschen leuchtet, lieben können. Und sie können anerkennen, dass alle etwas gemeinsam haben: ihre göttliche Quelle und die Präsenz der Liebe in ihrem Inneren.

Manche Menschen können nicht glauben, dass Terroristen, Vergewaltiger, Mörder und Kinderschänder Liebe in sich tragen, aber das tun sie. Entsprechend schwer fällt es den Menschen, zu glauben, dass diese Menschen in ihrem Wesen göttlich sind, aber das sind sie. Wir dürfen die Taten eines Menschen nicht verurteilen, weil wir nicht wissen, was dazu geführt hat, dass dieser Mensch so wurde, wie er ist. Wir müssen versuchen, das

Licht und die Liebe, die in diesen Menschen brennen, zu sehen und die Brücken, die wir aus Abscheu und Angst eingerissen haben, neu aufzubauen, damit wir wieder alle eins werden. Hier ist ein kleines Ritual, das dazu beiträgt, das Netz der Liebe zu erneuern, und das du ausführen kannst, wenn sich auf der Welt schreckliche Dinge ereignet haben, die das Netz beschädigen. Auf diese einfache Weise kannst du mithelfen, das Netz der Liebe auszubessern und weiter auszubauen.

Ritual

Konzentriere dich zunächst auf dein Herzzentrum. Spüre es in deinem Inneren und stelle es dir als ein Feuerrad aus smaragdgrünem und rosafarbenem Licht vor, wie eine leuchtende, strahlende und neue Blume, die erblüht oder sich dreht. Denke jetzt an jemanden, den du liebst: an einen Freund, eine Freundin, einen Elternteil, einen Bruder, eine Schwester, einen Angehörigen, ein Kind – an irgendjemanden, den du liebst. Ein Lichtstrom erstrahlt. Ein Faden geht von deinem Herzen aus und verbindet dich mit diesem Menschen, den du liebst. Wenn du diesen Faden erhellst, indem du diesem Menschen liebevolle Gedanken schickst, spürt er bewusst oder unbewusst diese Energie und schickt dir wiederum Fäden der Liebe zurück. Die Liebe, die ihr füreinander empfindet und auf diese Weise verstärkt, erhellt wiederum weitere Fäden der Liebe in deinem Herzen, die automatisch entstehen. Die Liebe strömt in Form vieler Fäden aus deinem Herzen heraus und zu all jenen Menschen in deinem Leben, die du liebst, egal ob du sie sehr liebst oder nur ein wenig. Sehr bald wirst du erkennen, dass du ein Teil des Netzes der Liebe bist, ein Knoten in diesem Netz, mit vielen Linien, die von der Mitte deines Herzens aus zu diesem Freund und deinen anderen Freunden, zu den anderen Menschen verlaufen, die du liebst, und dieselben Fäden gehen von ihrem Herzen aus. Einfach dadurch, dass du an jemanden denkst, den du liebst, hast du das ganze Netzwerk der Liebe erhellt, das in die Welt hinausstrahlt. Dadurch hast du die Herzen anderer Menschen erhellt und deren eigene liebevolle Energie erweckt.

Anerkenne jetzt, während du an dieses große, ineinander verflochtene Netzwerk der Liebe und des Lichts denkst, dass einige dieser Fasern in dunkle Herzen eintreten. In die Herzen jener Menschen, die durch ihr eigenes Handeln oder dadurch, wie sie von anderen beurteilt und gesehen werden, vom Netz und von der Liebe Gottes abgetrennt wurden. Das Licht, das jetzt in sie eindringt, erhellt die Dunkelheit ihrer Herzen und schickt wiederum hell leuchtende Fäden hinaus in die Welt, vielleicht nicht so viele wie aus deinem Herzen, aber die Fäden tragen trotzdem dazu bei, dass diese Menschen wieder mit dem Netz verbunden sind.

Richte dein Bewusstsein jetzt auf eine höhere Ebene und sei dir gewahr, dass über diesem Netz alle Lichtfasern zusammenlaufen und sich mit der Quelle vereinen, einem Punkt aus enormem und unendlichem Licht, der alle Fäden und alle Knoten des Netzes versorgt: Die Präsenz der göttlichen Liebe, die unendlich und ewig ist, die auf die Menschheit herabfließt und sie alle umgibt. Lasse diesen Eindruck jetzt los und atme ruhig ein und aus.

ENDE DES RITUALS

Dieses einfache Ritual, bei dem man einander Liebe schickt, löst eine Kettenreaktion aus, die sich auf die ganze Welt ausbreitet, die das Herz jedes anderen Menschen berührt und die Liebe auf der Welt fördert. Was du in deiner eigenen Welt und für dich selbst tust, wirkt sich auf den ganzen Makrokosmos aus. Die Kettenreaktion, die dadurch ausgelöst wird, dass du eine einzige andere Seele liebst, dehnt sich auf den ganzen Planeten und darüber hinaus aus und hält das Netz der Liebe zusammen. Wenn du dir jeden Tag die Zeit nimmst, nur einen einzigen liebevollen Gedanken zu denken, stärkst und erleuchtest du das Netz der Liebe und trägst dazu bei, dass diese Welt für immer in Liebe besteht.

Wir sind die Cherubim, die Engel der Liebe. Vernimm unsere Botschaft und denke über unsere Worte nach. In Licht und Liebe verabschieden wir uns.

Die Seraphim

Die Engel des Gewebes

W ir sind die Seraphim, viele in einem, ein Kollektiv von Engeln, das ein einziges Bewusstsein bildet. Wir sind sehr hohe strahlende Wesen, die deine Vorstellungskraft übersteigen. Manchmal werden wir als Engel mit sechs Flügeln und sechs Armen dargestellt, die das Gewebe deiner Realität erneuern. Wir wurden von Gott erschaffen, um bei der Manifestation der Realitäten mitzuwirken, und zwar nicht nur deiner physischen Welt, sondern auch jener Ebenen, die darüber und darunter existieren. Wir halfen bei der Schaffung dieses Raums unter Anleitung der Demiurgen, der Architekten der Schöpfung, aber wir halten auch das gesamte Gewebe instand und erneuern es. Du bist natürlich Bestandteil dieses Gewebes. Du existierst als Teil dieser Energie, bist Teil dieser Kraft, die von allen Dingen ausstrahlt. Du bist Teil der Verbindung, Teil des Plans, Teil deines Universums. Deine Existenz ist unerlässlich und erforderlich, damit alles andere sein kann.

Wir sind gekommen, um dir zu erklären, dass dein Universum nicht so ist, wie du es dir vorstellst. Deine Wahrnehmungen beruhen großteils auf Vermutungen und auf der Fähigkeit deines Bewusstseins, Dinge zu interpretieren, die eigentlich über dein Fassungsvermögen hinausgehen. Dein Bewusstsein formt Bilder, die dir Sicherheit vermitteln, die dich erkennen lassen, dass alles im Einen enthalten ist. Doch im Laufe der Zeit, wenn sich dein Bewusstsein erweitert, verändert sich auch deine Sichtweise und du kannst die wahre Natur des Universums und die

Wechselwirkung zwischen allen Dingen, die darin existieren, besser erkennen und verstehen.

Stelle dir vor, dass Gott eine Leinwand ist, auf die deine Realität gemalt wird. Eine Leinwand setzt sich aus vielen winzigen Fäden zusammen, die verwoben sind und als Grundlage für die Farbe dienen, aus der ein Bild entsteht. Das Bild auf dieser Leinwand ist dein Universum, deine Galaxie, deine Welt und du. Die Leinwand ist die göttliche Präsenz, die alle Dinge durchdringt, und die einzelnen Fäden bilden das Gewebe, das Netz, die Struktur der Existenz, die wir behüten und beschützen. Unsere Pflicht und Aufgabe ist es also, stets über dieses Gewebe zu wachen und dafür zu sorgen, dass es erneuert wird, wenn es beschädigt oder zerrissen ist. Wir haben Macht über das physische Universum, aber manchmal lassen wir diese Reparaturen von physischen Wesen durchführen, wenn das sinnvoller ist. Manchmal wird das Gewebe deines Universums durch natürliche Dinge beschädigt, wie etwa durch das Fließen von Energie und Licht. Ein Loch im Gewebe deines Universums wird zu einem Tor, einem »Schlupfloch«, das in andere Realitäten führt. Es stellt eine Gefahr dar, weil Dinge dein Universum verlassen und unerwünscht in andere Universen gelangen können. Umgekehrt können auch Dinge aus anderen Universen in dein Universum gelangen.

Außerdem gibt es Dinge unnatürlichen Ursprungs, die Löcher in das Gewebe deines Raums reißen können. Dazu gehören Energien, die der Mensch geschaffen hat, wie Elektromagnetismus, gewisse Klangfrequenzen, Röntgenstrahlen und Radioaktivität, aber auch Wut, Kummer, Krieg, Gier und Leid. Diese Dinge soll es natürlich geben, sie sind Teil deines Lernprozesses, der allmählich dazu führt, dass du verstehst und wächst, aber wenn sie in konzentrierter Form auftreten und nicht dem göttlichen Plan entsprechen, dann können sie für das Gewebe des Netzes gefährlich sein und zu Rissen und Löchern in deinem Universum führen. Vor allem, wenn diese Dinge ohne Integrität geschehen.

Integrität bedeutet, dass man seinem eigenen Gewissen entsprechend richtig handelt. Richtiges Verhalten beschädigt das Gewebe der Realität nicht, das auf Integrität beruht, aber wenn das Handeln eines Menschen nicht vom Glauben oder der Wahrheit bestimmt ist, sondern vom Ego, von der Gier; wenn er verkündet, etwas im Namen Gottes zu tun, in Wahrheit aber nur egoistisch handelt, dann erzeugt er durch diese Blasphemie, durch diesen Widerspruch, einen Riss im Gewebe der Existenz. Wahrheit ist die Grundlage für alles und wenn wir nicht wahrheitsgemäß handeln, schaden wir nicht nur uns selbst, sondern dem Gewebe der Welt, in der wir leben, und gefährden schließlich das ganze Universum. Deshalb ist es so wichtig, uns selbst und anderen gegenüber ehrlich zu sein, denn sonst schädigen wir das Universum und die feinen, zarten Fäden des Lichts, die uns alle miteinander verbinden.

Es ist der Faden der Realität, der die Verbindung zwischen euch herstellt. Dieser Faden verbindet alle Dinge und alle Menschen, vereinigt sie, macht sie zu einem. Aber diese Fäden verbinden vor allem jene Menschen, Situationen und Orte miteinander, die sich am nächsten stehen, die etwas gemeinsam haben. Das Netz geht also von einem einzelnen Punkt aus. Ein Mensch ist mit Personen, Orten und Situationen verbunden, die ihm ähnlich sind, und diese Menschen sind wiederum mit anderen verbunden, die ihnen ähnlich sind. So entsteht aus diesen einzelnen Lichtpunkten eine Unzahl netzartiger Muster, die nach außen strahlen und das Ganze bilden. Es sind diese Ähnlichkeiten, diese Gemeinsamkeiten, die dich mit allem verbinden und dich zu einem Teil dieser einen, großen Realität machen. Und dieses Netz, das sich zwar in erster Linie in diesem begrenzten Raum-Zeit-Kontinuum befindet, erstreckt sich auch in die höheren Realitäten der sieben Sphären und verbindet dich mit geistigen Führern, Schutzengeln, Erzengeln, Schutzheiligen, Aufgestiegenen Meistern, Gottformen und so weiter. Dieses Netz dehnt sich in den grenzenlosen Raum der Existenz hinein aus, ist aber immer mit der göttlichen Essenz verbunden.

Spirituelle Menschen haben schon immer anerkannt, dass wir alle eins sind, was durch das Prinzip des kollektiven Unbewussten in der Psychologie bestätigt wird. Deshalb bezeugen sie durch ihre religiösen Praktiken die Wahrheit, dass sich das, was du dir selbst oder anderen antust, auf das Ganze und auf dich selbst auswirkt. Dass sich die Wut, die du auf jene um dich herum hast, letztendlich auf dich selbst auswirkt, weil sie dir zurückgespiegelt wird, und dass du die Wut dir selbst gegenüber nach außen ausstrahlst, sodass sie sich auf alle anderen auswirkt. Wenn du diese Vorstellung als Wahrheit annimmst, wirst du einsehen, dass dein Verhalten dir selbst gegenüber harmonisch sein muss, wenn du in einer harmonischen Gesellschaft und Welt leben möchtest, und dass du auch anderen gegenüber gütig sein musst, um Güte, Toleranz, Liebe und Verständnis zu fördern. Der Makrokosmos spiegelt den Mikrokosmos wider. Was wir in der Welt tun, spiegelt sich in uns wider, und was sich in uns abspielt, spiegelt sich außerhalb von uns wider. Wenn du dir bewusst machst, dass dein Netz von dir ausgeht und zunächst auf jene Menschen ausstrahlt, mit denen du aufgrund von Gemeinsamkeiten verbunden bist, darfst du nicht vergessen, dass sich dein Verhalten dir selbst gegenüber auf jene Menschen, die dir nahestehen, und ebenso auf die Gesellschaft, in der du lebst, auswirkt. Wenn es dir also schwer fällt, zu dir selbst um deiner selbst willen gütig zu sein, denke daran, wie sich dein Verhalten auf jene um dich herum auswirkt, die du liebst. Und vergiss nicht, dass du als erleuchteter und spiritueller Mensch nicht nur dir selbst gegenüber, sondern auch jenen gegenüber, mit denen du verbunden bist und auf die du dich ausgerichtet hast, eine Verantwortung trägst.

Das bedeutet natürlich nicht, dass du nicht in erster Linie auf dich achten sollst. Du musst mit allem bei dir selbst beginnen, aber vielleicht motiviert dich dieses Wissen dazu, dass du versuchst, das Ungleichgewicht in deinem Inneren zu korrigieren, dich selbst zu heilen und wieder ganz zu werden. In diesem

Sinne übergeben wir dir unser Ritual, das dir in deinem Bestreben helfen möge. Mit diesem Ritual rufst du uns, damit wir dir helfen, dich nach dem höheren Plan auszurichten und deine Harmonie und dein Gleichgewicht wiederherzustellen. Du verbindest dich dabei mit der Energie deines vollkommenen Selbst, deines höheren Selbst, deiner Seele, um den verwirrten Aspekten deiner Persönlichkeit und deines Wesens Frieden, Harmonie, Klarheit und Wahrheit zu bringen. Dieses Ritual hat die Form einer kleinen Meditation.

Ritual

Suche dir einen ruhigen Platz. Zünde etwas Räucherwerk und eine Kerze an und sorge dafür, dass du nicht gestört wirst. Entspanne dich. Setze dich bequem hin und atme tief und entspannt ein und aus. Wir werden einfache Visualisierungen verwenden, keine wirklichen Darstellungen der Wahrheit, sondern einfache Bilder, die dir helfen, dich besser auszurichten. Schließe deine Augen und stelle dir vor, dass dir dein Ebenbild in derselben Haltung gegenübersitzt. Dieses Ebenbild ist vollkommener als du. Es ist aus Licht gebildet und strahlt und leuchtet wie ein Stern. In seinem Gesicht gibt es keine Falten, es lächelt nur sanft und strahlt Gesundheit, Wohlergehen, Harmonie, Glück und Frieden aus.

Betrachte diesen Doppelgänger mit deinem geistigen Auge. Sieh ihn so, wie er wirklich ist. Vielleicht siehst du Teile seiner Kleidung. Es kann sein, dass seine Gesichtszüge verschwimmen und sich verändern und er dir andere Gesichter zeigt, Gesichter, die du in früheren Leben hattest. Vielleicht entdeckst du verschiedene Eigenschaften, die du zunächst vielleicht nicht verstehst. Wehre dich nicht gegen die Eindrücke, die du erhältst, sondern betrachte sie einfach als Abbilder deiner Seele, deines höheren Selbst.

Öffne jetzt dein Herzchakra und strecke deine Handflächen so aus, dass sie zu deinem Doppelgänger vor dir schauen. Dein

Doppelgänger macht dasselbe und in der Luft zwischen euch entsteht eine Spannung. An dieser Stelle rufst du unsere Präsenz, indem du einfach unseren Namen,»Seraphim«, aussprichst. Die Energie der Seraphim umgibt dich, regt dich an, richtet dich aus und lässt dich die Verbindungslinien, die es gibt, erkennen. Eine mächtige und helle Verbindungslinie erstrahlt vom Mittelpunkt deines Herzens und führt zum Mittelpunkt des Herzens deiner Seele. Andere, feinere, weniger leuchtende Linien strahlen vom Zentrum deines Wesens hinaus in die Welt um dich herum, aber du richtest deine Aufmerksamkeit auf diese zentrale Linie. Energie beginnt zu fließen. Sie strömt langsam, wie flüssiges Licht durch dein Wesen, richtet Herz, Geist, Körper und Seele aus; klärt, stärkt, erneuert und heilt. Sie dringt tiefer und tiefer in den Kern deines Wesens ein, bis du von innen heraus erleuchtet bist, bis du ausgerichtet, vervollkommnet und gereinigt bist. Sitze einfach da und lasse dies geschehen. Nach einiger Zeit wirst du bemerken, dass der Prozess abgeschlossen und dein Doppelgänger verschwunden ist. Du wurdest auf deine Seele ausgerichtet und die Unstimmigkeiten in deinen feinstofflichen Körpern und deinem Bewusstsein wurden ausgeglichen, geheilt und korrigiert.

Strahle diese Energie jetzt nach außen in die Welt um dich herum. Sieh, wie sich das helle Licht über das zarte Netz, die feinen Linien, die dich mit dem Makrokosmos verbinden, ausbreitet. Du überträgst jetzt die Energie, die dir von deiner Seele zuteil wurde, auf deine Umgebung. Du lässt den Frieden und die Harmonie, die dir beschert wurden, in die Welt hinausstrahlen – in das Herz, den Geist und die Seele jener, die dir nahestehen, mit denen du in Liebe verbunden bist. Du bringst deiner Umgebung und der Welt um dich herum Heilung. Lasse diese Energie strömen. Bringe dein Bewusstsein nach einer Weile zurück in das Zentrum deines Wesens. Danke deiner Seele und den Seraphim. Lasse dir einen Augenblick lang Zeit, bis dein Bewusstsein wieder ganz da ist. Dann öffne deine Augen.

ENDE DES RITUALS

Diese einfache Übung kannst du, ganz nach Bedarf, mehrmals pro Woche wiederholen. Sie schafft eine engere Verbindung zwischen dir und deinem höheren Selbst; sie sorgt dafür, dass du auf schwierige Situationen und Probleme stabiler und verständiger reagierst; dass du Heilung empfängst und diese Heilung in die Welt, zu jenen, die du liebst, ausstrahlst. Das ist eine wirksame Methode, dem höheren Wohl zu dienen, indem du dir selbst dienst.

Abschließend möchten wir noch Folgendes sagen: Wie bereits ausführlich erwähnt, kann das Gewebe deiner Realität durch eine Vielzahl von Dingen beschädigt werden. Diese Dinge lassen sich im Augenblick nicht vollständig ausschalten, aber wir können das Gewebe stärken und erneuern, das etwa durch Kriege oder Tragödien, Elektromagnetismus oder medizinische Behandlungen mit ihren Nebenwirkungen beschädigt wurde. Es gibt aber Methoden, mit denen ihr uns helfen könnt, diese Orte und diese Menschen zu heilen.

Die folgende Methode ist sehr einfach und oft ist es das Einfache, mit dem das Göttliche große Wunder bewirkt. Lasse diese Orte einfach vor deinem geistigen Auge entstehen oder begib dich dorthin und sprich unseren Namen aus. Sage mindestens dreimal klar, deutlich und entschlossen: »Seraphim.« Du kannst den Namen auch öfter als dreimal aussprechen oder du kannst ihn als Mantra singen. Während du das tust, gib dich uns völlig hin, sodass du uns als Kanal dienst, durch den wir unsere heilende Energie, die erneuert, was beschädigt wurde, in das Gewebe deiner Welt hineinschicken können. Wenn du unseren Namen aussprichst, während du an einen anderen Menschen denkst, können wir das Gewebe, das diese Person in dieser Realität umgibt, erneuern, beispielsweise wenn diese Person elektromagnetischer Energie oder Röntgenstrahlen ausgesetzt war. Wenn ein Mensch vermehrt negativer Energie dieser Art ausgesetzt ist, kann seine Verbindung zum Universum schwächer werden. Er kann sich auf seinem spirituellen Weg verloren fühlen; er kann sich müde, hoffnungslos, abgetrennt von Gott fühlen. Wenn du uns mit unserem Namen rufst, können wir diese Bruchstellen ausbessern und den Menschen mit neuem Leben und frischer Energie versorgen, seine Symptome auflösen und ihn heilen.

Denke an unsere Präsenz, unsere Macht und unsere Bedeutung. Die Verbindung, die zwischen dir und dem Universum besteht, sorgt dafür, dass du Führung von deinem höheren Selbst, von deinen geistigen Führern und Schutzheiligen erhältst. Sie sorgt dafür, dass du auf deinem spirituellen Weg vorankommst und Synchronizitäten in deinem Leben auftreten. Wenn es dir daran mangelt, kann es sein, dass du durch irgendein Ereignis von den Fäden des Lichts, die dich mit diesen Kräften verbinden, abgetrennt wurdest. Denke an unseren Namen und unsere Macht, um diese Verbindungen wiederherzustellen.

Wir sind die Seraphim, die geliebten Lichtträger Gottes, erschaffen, um dir zu helfen und dem größeren Wohl zu dienen. In Licht, Liebe und Wahrheit verabschieden wir uns.

Die Elohim

Die Engel des Netzes der Zeit

W ir sind die mächtigen Elohim, die Engel der Zeit und der Nicht-Zeit. Wir sind die Engel der Wunder und des Glaubens. Wir sind gebündelt wie Sterne am Nachthimmel, und haben vor dem Anfang der Schöpfung die Aufgabe erhalten, die Energie der Existenz und des Geschehens, die der Mensch als »Zeit« kennt, sowie die Barrieren und Schleier, die die Vergangenheit von der Gegenwart und der Zukunft trennen, zu überwachen. Wir sind Teil jener Engelhierarchien, die aus dem göttlichen Bewusstsein vor der Manifestation der physischen Realität und Begrenzung erschaffen wurden. Im Gegensatz zu all den anderen Engeln, die im Engelkontinuum existieren, das innerhalb der begrenzten Raum-Zeit besteht, wurden wir nicht aus Melchisedek, dem Leib Gottes, geboren, der ein Kanal und ein Tor ist zwischen den Dimensionen, die wir bewohnen, und den Dimensionen der Realität, die ihr kennt. Es gibt noch andere, die uns ähnlich sind, und die in diesen höheren Sphären existieren, Engelkollektive, die ein Dasein in den begrenzten Dimensionen nie kennengelernt haben: die Throne, die Fürstentümer und Mentalitäten, die Gottheiten, Engel von großer Macht und Majestät, deren Aufgaben und Pflichten weit über das Verständnis des Menschen hinausgehen, die unendlich und formlos sind. Bei unserem Einwirken auf deine Dimension, auf deine Welt, geht es darum, wie die Zeit dein Dasein bestimmt. Unsere Essenz und unsere Energie sind erforderlich, damit in deiner Realität Wunder geschehen können. Darauf gehen wir gleich ein. Zunächst ist es uns jedoch wichtig, so gut es geht zu beschreiben, welche Rolle und Aufgabe wir spielen und welche Beschaffenheit die Zeit hat.

Die Zeit ist eine Essenz, eine Energie, eine Lösung. Stelle dir ein Glas Wasser vor, in dem ein Stein liegt. Das Wasser ist eingefärbt, sodass der Stein nicht leicht zu sehen ist. Das Wasser stellt die Energie der Zeit dar. Die Zeit ist eine Lösung, in der die Realität ruht. Der Stein ist Materie, die physische Dimension. Er ist vollkommen von der Energie der Zeit umgeben und schwebt darin. Die Zeit dringt in den Stein ein, durchdringt die Materie und wirkt sich auf sie aus, obwohl sie unsichtbar ist und unbemerkt bleibt. Die Färbung des Wassers ist der Teil der Zeit, der die Materie auf direktere Weise beeinflusst. Sie ist jener Teil der Zeit, in der die Materie ruht. Sie verbirgt die Materie, hält sie, umschließt sie. Sie ist die Gegenwart, die schnell zur Vergangenheit wird und die für längst vergangene Zeiten die Zukunft ist. Die Energie der Zeit, die wir behüten und beschützen, ist eine Kraft, die der Mensch nicht vollkommen verstehen kann. Der Mensch, der innerhalb der Zeit lebt, nimmt sie als etwas wahr, das geradlinig verläuft. Für ihn ist Geschichte etwas, was bereits geschehen ist. Die Gegenwart ist für ihn ein flüchtiger Augenblick, der sofort vorüber ist, und die Zukunft ist etwas, was erst geschrieben oder erschaffen werden muss, eine unsichtbare Landschaft, die vor ihm liegt.

In Wahrheit verläuft die Zeit gleichzeitig, das heißt, Vergangenheit, Gegenwart und Zukunft bestehen simultan nebeneinander. Die Zeit ist nicht linear, sondern eher eine Spirale oder Spule. Ein Kreis oder eine Windung der Spule ist die Vergangenheit, den Kreis oder die Windung darunter nennt man Gegenwart und der Kreis oder die Windung darunter ist die Zukunft. Obwohl Vergangenheit, Gegenwart und Zukunft räumlich getrennt sind, was wir als »Energieschleier« bezeichnen, sind sie miteinander verbunden und verlaufen gleichzeitig. Sie finden gleichzeitig statt. Auch wenn ein Mensch sein Leben als ununterbrochenen Strom erlebt und seine Vergangenheit und seine Zukunft vom gegenwärtigen Augenblick aus definiert, ist das, was er bereits hinter sich hat, nicht beendet, sondern besteht weiter, und das, was vor ihm liegt, wartet nicht darauf, geboren zu werden, sondern wurde bereits geboren und wartet darauf, dass der Mensch es betritt. Diese Vorstellung von der Zeit verdeutlicht, warum Zeitreisen möglich sind. Ein Mensch kann einfach von einem Ring der Spirale aus auf einen anderen wechseln, von einem Punkt aus einen anderen parallelen Punkt betreten und so auf ein Stück Vergangenheit oder ein Stück Zukunft eines Menschen treffen. Wenn man sich die Zeit als gleichzeitig oder zyklisch vorstellt, schafft man beinahe so etwas wie parallele Realitäten und das kommt der Wahrheit weit näher als alles andere.

Es ist unsere Aufgabe als Engel der Zeit, über diese Schleier zu wachen, die zwischen Vergangenheit, Gegenwart und Zukunft bestehen. Wir sorgen dafür, dass diese gleichzeitigen Schleifen nicht verschmelzen oder sich verbinden und eins werden. Die Lösung, mit der wir die Zeit verglichen haben, ist der Schleier, ein Gewebe aus Energie, das die Augenblicke zeitlichen Geschehens voneinander trennt. Der Schleier, die Lösung, das Gewebe, das diese Ereignisse trennt, kann dünn werden, die Membran kann löchrig werden, sodass Augenblicke der Vergangenheit, der Gegenwart und der Zukunft zu einem Punkt verschmelzen. Das geschieht zwar selten, aber es ist schon vorgekommen und kommt an gewissen Orten noch immer vor. Wenn solche Unregelmäßigkeiten auftreten, ist es unsere Aufgabe, sie zu beseitigen, bevor sie allzu großen Schaden anrichten. Doch die Struktur der Zeit wird aufgrund bestimmter Energien, die der Mensch entdeckt hat und die das Gewebe deiner Realität beeinträchtigen, immer instabiler. Elektromagnetismus, harmonikale Frequenzen, Mikrowellen, Atomkraft, all diese Energien haben dazu beigetragen, das Gewebe der Zeit dort, wo es mit diesen Energien bombardiert wurde, zu schwächen. Es wird immer schwieriger für die Elohim, ihre Aufgabe zu erfüllen und das Gewebe zu erneuern, wenn es vom Menschen immer stärker beschädigt wird. Natürlich könnte die Menschheit behaupten, dass sie für ihre Taten nicht verantwortlich gemacht werden kann, weil sie gar nicht weiß, dass diese Kräfte eine solche Gefahr bedeuten. Doch diese Geheimnisse und Wahrheiten wurden dem Menschen einst vermittelt, und nur weil er beschlossen hat, nicht mehr an sie zu glauben, sie zu unterdrücken oder zu vergessen, heißt das nicht, dass das Göttliche für diese Ignoranz und Überheblichkeit verantwortlich ist. Die Menschheit muss jetzt die Konsequenzen für ihre vorwitzigen Versuche, bestimmte wissenschaftliche Entdeckungen zu machen, tragen und kann damit rechnen, dass es irgendwann in der Zukunft an bestimmten Orten dazu kommt, dass die Zeit zusammenbricht.

Solange es noch möglich ist, tragen die Elohim natürlich ihren Teil dazu bei, das Gewebe der Zeit instand zu halten, und manchmal werden sie von Menschen zu Hilfe gerufen, die sich als Medium oder Kanal anbieten, durch die die Kraft und Energie der Zeit fließen kann, um die Schäden am Gewebe hier auf der Erde auszubessern. Es gibt Mantras, magische Sprüche und dergleichen. Es gibt verborgene Energiezentren im menschlichen Körper, die erweckt werden können, um diese Schleier instand zu halten, aber wir sind nicht hier, um über diese Themen zu sprechen.

Wir möchten über eine unserer anderen Funktionen sprechen: über die als Engel des Glaubens und der Wunder. Wunder sind ungewöhnliche Ereignisse. Es gibt unvorhersehbare und unwahrscheinliche Ereignisse, die als direktes Ergebnis einer Bitte an die göttlichen Kräfte eintreten. Manche Menschen sagen, das Leben selbst sei ein Wunder und das stimmt bis zu einem gewissen Grad, aber in diesem Fall wird das Wort nur im allegorischen und poetischen Sinne verwendet. Genau genommen sind Wunder Manifestationen des göttlichen Willens als Antwort auf Gebete oder Wünsche eines Menschen. Wunder geschehen außerhalb von Raum und Zeit. Sie erfolgen nicht in Einklang mit der Natur. Du darfst ein Wunder nicht mit Magie verwechseln. Bei Magie nutzt man natürliche Kräfte, um das gewünschte Ergebnis zu erzielen. Ein Wunder hat nichts Natürliches an sich. Es setzt sich über die Natur hinweg und geschieht außerhalb der Zeit. Ein Wunder steht nicht immer in Einklang mit dem, was bereits geschehen ist, sondern kann ein ganz spontanes Ereignis sein, das dazu führt, dass die Vergangenheit und die Gegenwart umgeschrieben werden.

Damit ein Wunder geschehen kann, sind mehrere Dinge erforderlich, eines davon ist, dass man darum bittet. Um ein Wunder bittet man häufig im Gebet, aber manchmal reicht einfach die starke Absicht. Das Wunder wird dann von der göttlichen Intelligenz, dem supernalen Licht, genehmigt. Es wird nur dann gewährt, wenn es in Einklang und in Übereinstimmung mit dem göttlichen Plan ist und sich nicht negativ auf den freien Willen oder Lebenszweck einer anderen Person auswirkt. Wenn das gewünschte Wunder stattfinden soll, kommen mächtige Kräfte ins Spiel, die dafür sorgen, dass sich das Wunder manifestiert. Eines der Dinge, die dafür notwendig sind, ist der Glaube. Glaube bedeutet, an das Unsichtbare zu glauben, blind auf die unendliche und göttliche Präsenz zu vertrauen. Glauben erwirbt man nicht durch einen Beweis für die Existenz des Göttlichen. Diese Form des Glaubens unterscheidet sich vom Glauben eines Menschen, der keinen konkreten Beweis für die göttliche Präsenz hat. Der Glaube an das Unsichtbare entsteht, weil man in seinem Inneren weiß, in seinem Inneren versteht, dass es da etwas gibt, obwohl man es noch nie gesehen hat. Durch den Glauben an das Unsichtbare, das blinde Vertrauen und Wissen öffnet der Bittsteller in sich ein Tor, durch das das Wunder eintreten kann. Die Manifestation eines Wunders erfordert erstens den Wunsch, zweitens den Glauben und drittens die Präsenz zweier Arten von Engeln, die bestimmte begrenzte Energien beeinflussen müssen, damit sich das Wunder auf der Erde manifestieren kann. Eine von diesen beiden Arten von Engeln sind wir, die Elohim. Wir müssen Zeit krümmen und ihre Wirkung ändern, um einen Bereich der Nicht-Zeit zu schaffen. Die Nicht-Zeit ist eine Dimension, die jenseits der begrenzten Raum-Zeit besteht. Dort ist alles möglich, weil der Raum nicht den Kräften der Einschränkung innerhalb der manifesten Realität unterliegt. Dort gelten die universellen Gesetze nicht. Dann müssen die Malochim, die Zwillinge der Elohim, die Planer des Universums, die Erbauer deiner Realität, bestimmte Energiefäden neu spinnen, damit sich das Wunder manifestieren kann. Sie müssen gewisse einschränkende universelle Gesetze aufheben und ändern, die Molekularstruktur der physischen Materie neu schaffen, die Kodierung der natürlichen Energie ersetzen und ändern, damit das Wunder geschehen kann.

Manche Menschen behaupten natürlich, dass Wunder ganz spontan geschehen, ohne dass sie bewusst darum beten oder bitten. Aber das stimmt nicht ganz. Wunder geschehen immer *durch* einen Wunsch. Dieser Wunsch wird vielleicht nicht ausgesprochen. Er wird vielleicht nicht geäußert. Der Mensch ist sich dieses Wunsches vielleicht gar nicht so richtig bewusst, aber er ist immer die auslösende Kraft für ein Wunder. Viele Dinge, die in deiner Realität geschehen, werden als Wunder bezeichnet, obwohl es sich gar nicht um ein solches handelt. Die scheinbar wundersamen Eigenschaften und Kräfte von Bildnissen und Figuren, die verschiedene göttliche Wesen darstellen, werden oft für Wunder gehalten. Es sind keine Wunder. Bilder, auf die man sich beim Beten konzentriert und die man als Fenster in die göttlichen Reiche benutzt, sind genau das, was sie sind, und nichts anderes. Sie sind Luken in der Realität, die sich öffnen, damit sich die andere Welt und deren Energien hier auf der Erde manifestieren können. Sie sind Punkte, an denen sich höherfrequentes Licht und Präsenzen verankern können. Wenn eine Figur der Jungfrau Maria Tränen vergießt, wenn sich ein Heiligenbild auf wundersame Weise verändert, dann ist das *kein* Wunder in dem Sinne, dass etwas außerhalb der Zeit geschieht – etwas, was erfordert, dass die Malochim die Realität neu weben, oder etwas, was vom göttlichen Bewusstsein genehmigt werden muss. Es ist einfach nur die Manifestation einer Energie, die durch ein physisches Objekt angezogen und verankert wird. Wunder, die von *Menschen* vollbracht werden, sind manchmal nicht unbedingt etwas Übernatürliches: Heilungen, Prophezeiungen, diese Dinge sind alle Teil des umfassenden menschlichen Könnens und seiner eigenen schöpferischen, göttlichen Macht. Wunder wie jenes, als Jesus Brot und Fisch an 5000 Menschen verteilte, sind tatsächlich wahr. Solche seltsamen, nicht natürlichen Ereignisse, die sich über menschliche Gesetze hinwegsetzen, für die es keine Erklärung gibt, die nicht mit einem Heiligenbild oder einer Statue zusammenhängen, die nicht auf die angeborenen, schöpferischen Kräfte des Menschen zurückgehen, sind auf jeden Fall Wunder.

Der Mensch ist also der Auslöser dafür, dass ein Wunder geschehen kann. Das Gebet, der Wunsch und der Glaube des Menschen machen es möglich, dass sich ein Wunder manifestieren kann. Wenn ein Mensch um ein Wunder bittet und dieses dann auch geschieht, kommt es oft vor, dass sich sein Glaube ändert und er nicht mehr länger blind auf die göttliche Präsenz vertraut, denn er hat ja einen Beweis dafür erhalten. Deshalb kann dieser Mensch dann nicht mehr als Auslöser für ein Wunder dienen. Manche bleiben jedoch, egal, was sie erleben, von diesem Beweis unberührt und konzentrieren sich nur darauf, dass sie in ihrem Inneren um die Präsenz Gottes wissen. Diesen Zustand nennt man einen »Zustand der Reinheit«, einen »Zustand der Gnade«, in dem sich ein Mensch einer höheren Intelligenz bewusst ist, ohne dass er einen Beweis für ihre Existenz braucht. Menschen, die sich in dieser Weise des Göttlichen bewusst sind, sind mächtige und heilige Wesen, durch die sich ein bestimmter Aspekt der göttlichen Präsenz hier in deiner Realität manifestieren und verankern kann.

Du fragst dich vielleicht, warum wir hier zu dir sprechen. Du fragst dich vielleicht, warum es uns ein Bedürfnis ist, dass du die Prinzipien und Mechanismen von Wundern verstehst. Warum es uns wichtig ist, dir die zyklische Natur der Zeit zu offenbaren. Wir können dir keine Rituale oder Methoden liefern, die Wunder wirken. Es gibt keine Garantie für ein Wunder und wir können dir auch nicht mitteilen, wie man die Zeit beeinflusst, denn für dieses Wissen ist der Mensch noch nicht bereit. Was wir dir sagen können, ist Folgendes: Das Göttliche ist eine Präsenz, die im Universum um dich herum, aber auch in deinem Inneren existiert. Alles, was existiert, wurde vom und aus dem Göttlichen erschaffen und ist deshalb ein Ausdruck des Göttlichen. Es enthält im Keim, im innersten Kern, einen Teil dieser göttlichen Essenz. Deshalb brauchst du keinen Beweis für die Existenz des Göttlichen, denn wenn du dich nach innen wendest, spürst und weißt du, dass das göttliche Licht in dir und in allem um dich herum ist. Im Folgenden übergeben wir dir nun ein Ritual. Es bringt zum Ausdruck, worüber wir gerade eben gesprochen haben.

Ritual

Suche dir einen Platz, an dem du nicht gestört wirst. Nimm dir Zeit, um das Ritual in Ruhe ausführen zu können. Du solltest nach dem Ritual nichts Dringendes zu erledigen haben, denn während des Rituals existiert die Zeit nicht und es kann sein, dass du nach dem Ritual feststellst, dass inzwischen wenig Zeit oder sehr viel Zeit vergangen ist. Verbrenne etwas Räucherwerk, spiele leise und ruhige Musik und mache es dir bequem. Errichte einen einfachen Altar, indem du ein weißes oder violettes Tuch ausbreitest und eine weiße Kerze aufstellst. Zünde die Kerze an und sprich folgende Worte des Gebets:

»Dieses Licht ist ein Spiegel. Es lenkt meinen Blick nach innen, vorbei am Körper, vorbei an den Knochen, vorbei am Blut, vorbei am Fleisch, vorbei am Geist, vorbei an Gedanken und Sorgen, vorbei am Herz, vorbei an bedrückenden Gefühlen. Hinein in das Licht, das vom Licht gespiegelt wird, zum göttlichen Funken in meinem Inneren. Dieses Licht ist ein Spiegel, der mich zum Herzen Gottes führt.«

Wiederhole diese Invokation noch zweimal. Sprich sie langsam, bewusst und rhythmisch. Konzentriere dich auf die Worte und richte deine Aufmerksamkeit nach innen. Während du in den Mittelpunkt deines Wesens reist, schließe die Augen und vergiss deinen Körper und deine Umgebung. Richte dein geistiges Auge auf ein Licht in der Ferne und stelle dir vor, dass du näher und näher heranschwebst, ein körperloses Wesen bist, das vom Licht der göttlichen Quelle angezogen wird. Wenn du nahe genug am Licht bist, gehe ganz in seinem Bewusstsein auf. Verweile in dieser weißen Leere und lasse den Körper und die Stimme Gottes voller Weisheit und Wahrheit zu dir sprechen. Hier, ausgerichtet auf Gott, *können* Wunder geschehen. Hier, ausgerichtet auf Gott, ist alles möglich. Hier, außerhalb der Zeit, kannst du alles sehen und wissen und die Malochim sind für dich da, um das Gewebe deines Lebens zu erneuern. Hier, ausgerichtet auf Gott, liegen die Welt und dein Leben vor dir wie eine Karte und du kannst die Richtung, die du einschlagen musst, klar erkennen.

Nach einiger Zeit spürst du die Schwere deines Körpers, die Schmerzen in deinen Knochen, die Kälte in der Luft, die Geräusche außerhalb des Raums wieder und du löst dich langsam vom Licht und reist zurück durch die große Weite der Dunkelheit, zurück in deinen Körper. Wenn du so weit bist, öffne deine Augen und achte darauf, dass du dich richtig erdest und zentrierst, bevor du die Kerze auslöscht und das Ritual beendest. Du stellst vielleicht fest, dass inzwischen nur wenig Zeit oder sehr viel Zeit vergangen ist. Du bemerkst vielleicht, dass die Offenbarungen, die du erhalten hast, schnell in deinem Bewusstsein verblassen, und deshalb kann es wichtig sein, sie rasch aufzuschreiben. Was immer geschehen sein mag, diese Ausrichtung auf Gott wird dich verändern und du bist von diesem Augenblick an mehr auf die göttliche Präsenz in deinem Inneren und in deiner Realität eingestimmt.

ENDE DES RITUALS

Wir sind die Elohim, die Meister der Zeit, die Engel des Glaubens, der Wunder und des Vertrauens. Wir spinnen das unsichtbare Netz, spinnen den Faden, mit dem dein Leben beginnt, nehmen Maß, während du wächst und dich entwickelst, und reißen den Faden nur ab, um ihn wieder in die neuen Leben, die danach kommen, einzuweben. Wir sind überall und alles, ewig und unendlich, Engel Gottes.

Mutter Maria

Göttliche Liebe

Ich bin Maria, Aufgestiegene Meisterin, Botin des Friedens und der Weisheit, Lady der Ordnung und Hüterin der Wahrheit. Ich möchte über jene Themen sprechen, die die göttliche Mutter und die Allgegenwart der göttlichen Liebe für alles, was im materiellen Universum existiert, einschließlich deines geliebten Planeten und der Menschheit, betreffen. Ich reihe mich hier in das Engelkontinuum ein, weil ich in enger Beziehung zu den Engeln stehe. In der Vergangenheit wurde ich von verschiedenen Religionen als »Königin des Himmels« bezeichnet, vergleichbar einem Erzengel in den höheren spirituellen Reichen. Ich bin zum Teil gekommen, um meine Verbindung zum Engelkontinuum zu erklären, um über die Engel aus der Perspektive des Meisters zu sprechen. Und ich möchte auf jene Wahrheit näher eingehen, die ein wesentliches Merkmal der Engel ist: die Macht der Liebe Gottes.

Ich bin in Wahrheit kein Engel. Ich wurde nicht in diesen Rang erhoben. Eine solche Transformation ist unmöglich. Wenn man als Mensch erschaffen wird, bleibt man menschlich und kann nicht in den Rang eines Engels erhoben werden. Sonst müsste eine Seele die Ströme der Inkarnation und Existenz, die Ströme des Daseins überqueren, was nicht nur praktisch unmöglich, sondern auch unnötig ist, weil es keinen Sinn oder Zweck erfüllt. Meine Verbindung zum Engelkontinuum ist auf meine Abstammung zurückzuführen. Sie hat mit der Natur meiner Seele zu tun und mit der Tatsache, dass gewisse Engelkräfte zu ihrer Entstehung beitrugen, sodass man sie als Nephilim-Seele beschreiben könnte. Aber bei dieser Botschaft geht es nicht darum, meine komplizierte spirituelle Abstammung genau zu erklären, sondern vielmehr um das Thema, das in dieser Zeit für die Menschheit von entscheidender Bedeutung ist: die Präsenz und die Macht der Liebe auf ihrem Planeten.

Meine Verbindung zum Engelkontinuum geht auf den Ursprung meiner Seele zurück, die durch die göttliche Mutter mit dem Prinzip der Liebe verknüpft ist. Die göttliche Mutter, die universelle Mutter, die Göttin, ist ein Ausdruck der göttlichen Quelle, ein polarisierter Ausdruck, der entstand, als das Göttliche ganz am Anfang einen Teil von sich selbst in das begrenzte Raum-Zeit-Kontinuum einbrachte. Jener Teil, der in das begrenzte Raum-Zeit-Kontinuum eingebracht wurde, wurde gemäß den Gesetzen dieses materiellen Universums geteilt, wurde verdünnt und zerlegt, wurde in verschiedene, niedrigere, dichtere Ausdrucksformen des einen, wahren, harmonischen Selbst transponiert. Gemäß dem universellen Gesetz der Polarität wurde das eine Göttliche in eine männliche und eine weibliche Hälfte geteilt, in die Göttin und den Gott, die göttliche und universelle Mutter und den göttlichen und universellen Vater. Diese Ausdrucksformen des Göttlichen kennt man unter vielen verschiedenen Namen, wobei die göttliche Mutter manchmal als »das göttliche Herz« und der göttliche Vater als »der göttliche Geist« bezeichnet werden. Das Engelkontinuum wurde aus dem *Herzen* des Göttlichen, aus der göttlichen Mutter, geboren, während sich die Menschheit durch den göttlichen Vater, durch den *Geist* des Göttlichen, manifestierte. Wie du siehst, ist das Engelkontinuum eng mit der göttlichen Mutter verbunden, obwohl die verschiedene Religionen, die es zurzeit auf dem Planeten gibt, die Engel allein auf den göttlichen Vater zurückführen.

Schechina ist das wahre Gesicht der göttlichen Mutter. Die Göttin Sophia, eine Ausdrucksform dieser universellen Mutter, die man häufig für ein Engelwesen hält, ist eine Göttin mit vielen Flügeln, ähnlich den Elohim, Cherubim oder Seraphim. Sie wird als das Gesicht der Mutter der Engel betrachtet, als die Göttin, aus der die Engelwesen geboren wurden. Und im Wesentlichen stimmt das, denn Engel sind Ausdrucksformen der göttlichen Liebe, die eine Gestalt angenommen hat, die sich bewegen und handeln kann. Sie sind die Finger und Zehen Gottes, seine Hände, etwas, was erschaffen wurde, um das materielle Universum, in das Gott Licht und Leben gehaucht hat, in Bewegung zu setzen. Sie sind tätige Liebe und Weisheit, sie sind eine Verbindung aus dem Wunsch der göttlichen Mutter, ihre Liebe im physischen Universum zu verbreiten, und dem Herzens der aktiven Gedanken des Göttlichen, der göttlichen Weisheit, Sophias Weisheit, der innerhalb von Raum und Zeit Gestalt und Leben gegeben wurde.

Ich war immer auf die Präsenz der göttlichen Mutter ausgerichtet. In vielen meiner Leben und auch im Leben als Maria hat man mich zunächst die Mysterien der göttlichen Mutter gelehrt und später wurde ich eine Lehrerin für diese Mysterien, lange nachdem sie aus den Tempeln verschwunden waren, in denen sie ursprünglich unterrichtet wurden. Diese Mysterien wurden meinem Volk über viele Generationen von den überlebenden Atlantern vermittelt, die der Welt die wahren, ursprünglichen Lehren Gottes überbrachten, die sie selbst von den Engeln erhalten hatten. Durch diese Ausrichtung auf die Präsenz der göttlichen Mutter konnte ich ein lebender Avatar für ihre Energie hier auf der Erde sein, ein physisches Gefäß, das ihre Energie aufnahm und erstrahlen ließ, was mich wiederum stark mit der Präsenz und der zentralen Energie des Engelkontinuums verband. Diese zentrale Energie ist, wie schon gesagt, die Liebe. Die Engel sind die Manifestation der göttlichen Liebe in dieser Realität und alles, was sie manifestieren und überwachen, wird aus der Liebe geboren, aus der Liebe Gottes für Wissen und Erfahrungen, aus der Liebe Gottes für seine Schöpfung, für das materielle Universum und für alle Lebensformen, die darin existieren. Die Liebe ist die tragende Motivation und Antriebskraft, die der ganzen Schöpfung zugrunde liegt.

Ironischerweise ist die Liebe hier auf der Erde auch eine jener Kräfte, die am meisten Chaos und Missstimmung erzeugen. Es ist das dem Menschen angeborene und unstillbare Verlangen nach Liebe, das ihn nicht nur dazu antreibt, Schönes und Wunderbares zu erschaffen sowie seine Göttlichkeit in Wissenschaft und Spiritualität zum Ausdruck zu bringen, es erzeugt außerdem Krieg, Aggression, Konflikte, Schrecken und Schmerz. Es ist der Wunsch des Menschen, von anderen und von Gott geliebt und angenommen zu werden, der dazu geführt hat, dass er sich von dem, was er sucht, abgetrennt fühlt. Er hungert nach dem, was um ihn herum vorhanden ist. Verzweifelt möchte er Teil dessen sein, dem er ohnehin angehört. Die Menschen haben sich immer um die Gunst ihres Schöpfers bemüht. Sie sehnen sich immer nach der Präsenz und der Nähe Gottes. Doch durch ihren Fall aus der Gnade und ihr Versinken in immer dichtere Ebenen der materiellen Welt ist ihnen nicht mehr bewusst, dass das Göttliche sie überall umgibt und dass sie selbst göttlich sind. Sie haben das Gefühl, von der Präsenz der universellen Mutter und des universellen Vaters, die in der Natur, in den feiner schwingenden Reichen um sie herum und in ihrem eigenen Herzen und Wesen vorhanden ist, getrennt zu sein. In ihren recht verzweifelten und etwas unbeholfenen Versuchen, sich wieder mit der göttlichen Präsenz zu verbinden, haben sie Religionen erschaffen, Wahrheiten verändert, den durch alte Weisheiten vorgezeichneten Kurs verlassen. Sie haben Strukturen und Regeln geschaffen, um Dinge wegzuerklären, um Details zu finden, die zeigen sollen, warum etwas ist, wie es ist, und um festzulegen, wie man bestimmte Ziele erreichen kann. Weil sie die Wahrheit vergessen haben und sich einer Illusion hingeben, haben sie Regeln und Vorschriften aufgestellt, in dem Glauben, dass sie dann heiliger werden, dass Gott sie dann mehr schätzt und liebt. Doch Gott hat ihnen universelle Wahrheiten und Gesetze zur Orientierung gegeben, wie sie ihr Leben gestalten sollen und wie sie ihrer eigenen Göttlichkeit auf ganz *natürliche* Weise näher kommen.

Wenn Teile der Menschheit unterschiedliche Regeln und Gesetze aufstellten, die ursprünglichen Lehren und Wahrheiten anders auslegten, hat das zu Konflikten geführt, da die Menschen glaubten, nur eine Seite könne Recht haben. Diese Glaubenskonflikte haben Kriege und politische Unruhen ausgelöst. Sie sind die Hauptursache für alle zerstörerischen Umtriebe, die es jemals auf deiner Welt gab. All das, weil der Mensch geliebt und angenommen werden will, all das, weil sich der Mensch nach der Liebe Gottes sehnt, die *immer* bei ihm war und ist. All das, weil sich der Mensch wünscht, von sich selbst und seinen Mitmenschen anerkannt zu werden, dabei ist diese Anerkennung um ihn herum und in seinem Inneren immer vorhanden. All das wegen der Liebe. Auch in diesem aufgeklärten Zeitalter glauben die Menschen noch immer, dass sie der Liebe Gottes oder ihrer Mitmenschen nicht würdig sind, wenn ihr Verhalten in irgendeiner Art und Weise von den Regeln und Vorschriften ihrer Gesellschaft oder von den Gesetzen ihrer Religion abweicht. Sie glauben, wenn sie »sündigen«, wenn sie ungerecht sind, wenn sie nicht rechtschaffen und fromm sind; wenn sie in irgendeiner Weise vom rechten Weg und vom göttlichen Plan abweichen, würden sie verurteilt und ausgestoßen und von Gott getrennt sein.

Die göttliche Quelle verurteilt aber nicht. Ihre Liebe ist bedingungslos. Sie kümmert sich nicht darum, was du tust, nur darum, wer du bist. Sie sieht nur das Licht deiner Seele, das unter den illusionären Konstrukten deines Ego vergraben ist, unter dem Panzer, der von der Gesellschaft, der Religion und den politischen Machenschaften deiner Zeit um den Teil von dir gelegt wurde, der ewig und göttlich ist. Sie kümmert sich nicht darum, ob dein Körper oder dein Geist rein sind, sie kümmert sich nicht darum, ob du in der Vergangenheit etwas getan hast, das alles andere als gütig war. Sie kümmert sich nur um jenen Teil von dir, der ewig und unendlich ist, der göttlich ist, der echt ist und der deine eigene Vergangenheit transzendieren und wie eine Blume an die Oberfläche der Erde kommen lassen kann, die sich durch den dunklen Boden ihren Weg ans Licht bahnt.

Die Menschen bringen enorm viel Energie dafür auf, die Liebe Gottes auf Distanz zu halten. Sie erfinden Ausreden und Vorwände und errichten einen Panzer, ein Kraftfeld der Selbstverachtung um sich herum, um die unerschöpfliche Liebe Gottes fernzuhalten, anstatt sich zu entspannen, loszulassen und sich der überwältigenden, unendlichen und ewigen Präsenz der göttlichen Liebe zu öffnen.

Hier ist ein kleines Ritual, das dir dabei helfen kann, deine Mauern einzureißen und keine Ausreden mehr erfinden zu müssen, mit denen du das Göttliche von dir fernhältst. Es nennt sich »Ritual, das die Engel willkommen heißt« und lädt die Präsenz und die Liebe Gottes in dein Leben ein. Wie alle göttlichen Dinge, ist es sehr einfach.

Ritual

Zünde eine Kerze in einer beliebigen Farbe an und, wenn du möchtest, lege einige Dinge, die du mit Gott in Verbindung bringst, neben sie: eine Blume, etwas Räucherwerk, ein Kreuz oder ein anderes religiöses Symbol, ein Bild von der Natur, der Sonne oder dem Mond, von einem Heiligen oder einem Engel. Es ist bedeutungslos, wie aufwändig oder einfach dein Altar ist. Es ist dein persönlicher Altar und du kannst ihn kunstvoll oder ganz schlicht gestalten.

Sorge dafür, dass du nicht gestört wirst, und setze dich dann vor den Altar. Nimm dir etwas Zeit, um dich zu entspannen. Achte darauf, dass du es bequem und warm hast und dein Nacken und deine Schultern, dein Gesicht, deine Hände und deine Füße locker sind und dein Rücken gut gestützt wird. Achte darauf, dass du aufrecht, bequem und entspannt sitzt. Atme dreimal tief ein und atme jedes Mal laut und geräuschvoll aus. Lasse dabei Anspannung, Stress, Negativität, Sorgen, Zweifel und Kummer los. Nimm dir nun einen Moment Zeit, um einfach nur ruhig dazusitzen. Versuche deine Gedanken ganz auf diesen Augenblick zu konzentrieren und gib dir Zeit, um alle

Ablenkungen loszulassen. Wenn du das Gefühl hast, ganz im Hier und Jetzt und geerdet zu sein, lies folgende Worte:

»Vom Norden, von der Erde, von den tief verwurzelten Bäumen und den hohen Bergen rufe ich die Engel. Kommt zu mir, bringt mir die göttliche Liebe.

Vom Osten, von der Luft, von den Brisen und Winden, den Stürmen und Orkanen rufe ich die Engel. Kommt zu mir, bringt mir die göttliche Liebe.

Vom Süden, vom Feuer, von den Vulkanen, von den Herden und Kerzenflammen rufe ich die Engel. Kommt zu mir, bringt mir die göttliche Liebe.
Vom Westen, vom Wasser, von den Seen und Ozeanen, den Flüssen und Bächen, vom Regen, der vom Himmel fällt, rufe ich die Engel. Kommt zu mir, bringt mir die göttliche Liebe.

Von oben und unten, von der Mitte und ihrer Umgebung, von den Zwischenräumen, vom Geist rufe ich die Engel. Kommt zu mir, bringt mir die göttliche Liebe.

Ich hebe meine Grenzen auf, ich lasse meinen Schutzschild sinken, ich gebe meinen Widerstand auf und bin offen für die Präsenz der Engel, die Präsenz Gottes, für das Herz und den Geist des Universums, für die Mutter und den Vater all dessen, was existiert. Ich lade euch ein und heiße euch willkommen. Kommt zu mir, bringt mir Liebe und erfüllt mich mit eurer Präsenz, bis ich davon überfließe.«

Verweile in diesem Gefühl und spüre, wie die Präsenz näher und näher kommt. Lasse zu, dass sie dich von Kopf bis Fuß durchdringt, bis du völlig in die göttliche Liebe eingetaucht bist. Bis du davon überfließt und von dieser Präsenz hinweggespült wirst. Verharre eine Weile in diesem Zustand. Bedanke dich anschließend mit deinen eigenen Worten bei Gott, beim universellen Vater, bei der universellen Mutter und bei den Engeln für diese Gelegenheit der Verbindung. Das ist aber noch nicht alles.

Bedanke dich auch für all jene Dinge, die dir das Leben geschenkt hat: Freude, Gesundheit, Glück, Sonne, Vogelgezwitscher, Essen, Freundschaft, Liebe, Familie, Vergangenheit, Zukunft, Träume, Farben und Klänge, Musik und Gesang, für all die wunderbaren Dinge, die dein Leben erträglich, erfreulich und gut machen. Wenn du Dankbarkeit zeigst, verbindest du dich mit der göttlichen Präsenz. Du verbindest dich mit dem Göttlichen in deinem Inneren. Du stärkst die Verbindung zu allem, was gut ist.

Nachdem du das gemacht hast, kannst du deinen Panzer wieder anlegen. Du kannst wieder Grenzen um dich herum errichten, wenn du möchtest, und dich wie bisher abschirmen. Die göttliche Präsenz stimmt trotzdem im Inneren deines Panzers ihr Lied an und vermittelt dir ein Gefühl der Verbundenheit.

ENDE DES RITUALS

Dieses Ritual ist einfach und geht dennoch tief. Gerade weil es so einfach ist, ist es so mächtig. Es versucht nicht, etwas zu erschaffen, sondern anerkennt etwas, was bereits existiert. Es ist mächtig, weil es in Einklang mit deinem wahren Wesen steht und diesem nicht widerspricht.

Gott ist überall um dich herum und in deinem Inneren. Gott ist alles, was ist. Versuche dich von Zeit zu Zeit daran zu erinnern und dies anzuerkennen. Möge die Liebe der göttlichen Mutter und des göttlichen Vaters für immer deinen Pfad erhellen. Ich segne dich und hinterlasse dir meine Liebe.

Sophia

Förderin der weiblichen Kraft

Ich bin Sophia, Göttin der Weisheit, ich gebe den Schwachen ihre Macht zurück und überbringe Licht, Liebe und Wahrheit. Ich bin eine Erweiterung des göttlichen Bewusstseins, ein Ausdruck des Strahlens und der Liebe der göttlichen Mutter. Ich bin ein Werkzeug für ihren Willen, ihren Wunsch, die Menschheit zu lehren, die Frauen zu ermächtigen und ihr Bewusstsein und ihre Herzen der Wahrheit zu öffnen. Ich war schon immer, schon vor dem Anfang der Zeit, im Herzen und im Geist der Männer und Frauen. Ich bin die Inspiration und Motivation für Frauen, nach der Wahrheit zu suchen, selbst wenn die Gesetze ihrer Kultur es ihnen verbieten. Ich bin der Wunsch im Manne, in seinem Inneren nach den feinen, sanften, liebevollen Emotionen des Künstlers und des Heilers zu suchen. Ich bin die zarte Berührung der Mutter. Ich bin der Blick des Liebenden. Ich bin das Licht, das sanft auf das Land fällt.

In Wirklichkeit bin ich kein Engel. Ich bin ein Ausdruck des Göttlichen, aber in der Vergangenheit hat man mich als Engel betrachtet und häufig mit vielen Flügeln dargestellt, einen Kelch aus Licht in meinen Händen, aus dem eine Flamme lodert. Oft sieht man mich verschleiert, mysteriös, still und manchmal schwanger mit den Möglichkeiten des unendlichen Potenzials und der Hoffnung. Mein Schleier ist der Schleier des Mysteriums, der alle unsichtbaren, geheimen Dinge verhüllt, die durch die Wahrheit verborgen werden. Meine Stille ist die Stille jener, die weise genug sind, die Stille als einen Spiegel einzusetzen, der die größere Wahrheit reflektiert, die immer und nur im Inneren zu finden ist. Die Flamme, die aus meinem Kelch lodert, ist das Licht der Erleuchtung. Sie entspringt nicht dem Verstand, nicht dem Wissen und dem Intellekt, sondern der Erfahrung und der Liebe. Meine Flügel sind die Flügel, die uns in den Himmel tragen, wenn wir, nicht für uns selbst, sondern für die ganze Menschheit nach der Wahrheit suchen, die jenseits des göttlichen Lichts liegt.

In bestimmten Werken, in historischen, kulturellen und religiösen Texten, werde ich als die Mutter der Engel dargestellt, und da ist *etwas* Wahres dran, denn die Engel wurden aus der Göttin, der göttlichen Mutter geboren. In den höchsten Reichen wird der weibliche Anteil des Göttlichen als das *Herz* der göttlichen Quelle, und der männliche Anteil als der *Geist* der göttlichen Quelle betrachtet. Alle Engelwesen wurden aus dem Herzen der göttlichen Quelle und deshalb aus der Göttin geboren, während die Menschheit durch den Geist des Göttlichen, durch die göttliche Kraft und ihre Strömung und Energie entstand. Da ich ein Ausdruck der Präsenz der göttlichen Mutter bin, könnte man sagen, dass ich die Mutter aller Engel bin, obwohl ich selbst kein Engel bin. Mir ist es aber wichtiger, euch heute eine Botschaft zu überbringen, bei der es um das Wesen der Engel aus der *weiblichen* Perspektive geht und weniger um die patriarchalische, christliche Perspektive, die auf der Erde weiter verbreitet und anerkannt ist.

Wie du weißt, sind Engel weder männlich noch weiblich, sie sind androgyn, das heißt, ihre männliche und weibliche Energie ist ganz und gar im Gleichgewicht. Jenen, die wahrhaft sehen können, erscheinen sie in androgyner menschlicher Gestalt, die männliche und weibliche Züge in sich vereint. Dabei wirken sie nicht hermaphroditisch, sondern eher mysteriös und ästhetisch. Sie zeigen die Stärke und die athletische Ausstrahlung des Mannes sowie die Anmut und Sanftheit der Frau. Die schönen, sanften Rundungen der Frau verbunden mit der Kraft und Stärke des Mannes ergeben eine wunderschöne androgyne Ausstrahlung, eine Vision von der dem Menschen prophezeiten Vollkommenheit und ein Echo oder eine Erinnerung an den Ursprung des Menschen in den alten Zeiten von Lemuria.

Wenn jemand hellsichtig ist, wird er trotzdem von seinem Bewusstsein und seinen kulturellen Konditionierungen beeinflusst. Jene, die in dem Glauben aufwuchsen, Engel seien Männer, werden sie natürlich als solche sehen. Jene, die nach der patriarchalischen christlichen Religion erzogen wurden, werden sie in ihrer traditionellen Gestalt wahrnehmen und nur selten, wenn überhaupt, einem Engel, der weiblich aussieht, begegnen. Jene, die aufgeschlossener sind oder sich selbst neu konditioniert haben, um das Universum auf umfassendere Weise zu verstehen, sehen Engel vielleicht so, wie sie wirklich sind, oder interpretieren die Energien, die sie wahrnehmen, neu und nehmen sie als rein weiblich wahr. Manche rufen die Engel in weiblicher Gestalt, um ihre rein weiblichen Qualitäten zu nutzen. Dadurch erfassen sie die Engel aber auch auf etwas unausgewogene Weise, weil sie nur die weibliche Seite betonen. In Wahrheit sind Engel natürlich eine Kombination aus harmonischen Schwingungen, die sich in ständig wechselnden Mustern aus heiligem, geometrischem Licht und holografischer Energie manifestieren. Manche Menschen können die Engel in diesem wahren Zustand sehen, aber für viele ist das zu unpersönlich.

Ich bin hier, um darüber zu sprechen, wie wichtig es ist, die weiblichen Eigenschaften, die die Engel besitzen, anzuerkennen. Wenn man im Ungleichgewicht ist, kann man je nach Bedarf die männliche oder weibliche Seite der Engel anrufen. Die Engel, die im Kontinuum existieren, verkörpern bestimmte Frequenzen universellen Lichts und universeller Energie. Sie verkörpern die Vielzahl an Schwingungen und Farben, die sich aufteilen, wenn das eine wahre Licht des Göttlichen in das Prisma des begrenzten Raum-Zeit-Kontinuums eintritt. Diese Strahlen, diese Energieströme entsprechen jeweils einem bestimmten Wunsch oder Bedürfnis, einem besonderen Merkmal, einem bestimmten Ort oder Bewusstseinszustand, wie etwa Erde, Luft, Feuer, Wasser, Geist, Liebe, Erleuchtung, Kontemplation, Karma, Alchemie, Einsamkeit, Zufluchtsstätte, Stille, Frieden, Hoffnung, Heilung, Freude, innere Einkehr, Staunen, Wunder. Einige dieser Ausdrucksformen der göttlichen Energie und des göttlichen Bewusstseins sind in ihrer Polarität und Ausrichtung männlich, während andere überwiegend weiblich sind.

Die Engel, die diese weiblichen Energien verkörperten, haben deshalb eine stärkere weibliche Schwingung und sehen weiblicher aus. Manche werden als rein weiblich wahrgenommen: die Engel der Liebe, die Engel der Sinnlichkeit, der Inspiration, der Sanftheit. All diese Engel sind in ihrem Wesen und in der Energie, die sie verkörperten und zum Ausdruck bringen, überwiegend weiblich. Obwohl ihre Energie im Grunde völlig im Gleichgewicht ist, kann es sein, dass sich die Energie, die sie verkörpern und zum Ausdruck bringen, in überwiegend weiblicher Gestalt zeigt, um diese Kraft auf der Erde besser darzustellen und zu vermitteln. In diesem Sinne gibt es also weibliche Engel und man kann weibliche Engel sehen und wahrnehmen, aber es ist auch wichtig, zu verstehen, dass man selbst in einem völlig ausgewogenen Wesen manchmal seinen männlichen oder weiblichen Anteil anrufen muss, um eine bestimmte Wirkung hier auf der Erde zu erzielen.

Nehmen wir das Feuer als Beispiel. Das Element Feuer steht für eine Vielzahl von Dingen: Es steht für die Kraft des Kriegers. Es steht für Leidenschaft. Es steht für Transformation. Es steht für Erleuchtung. Es steht für den Geist. Die Kraft des Kriegers ist überwiegend männlich, sie ist eine dynamische Energie, während die Kraft der Leidenschaft und Sinnlichkeit vorwiegend weiblich ist, denn sie ist eine empfangende Energie. Transformation und Alchemie sind männlich, weil es dynamische Vorgänge sind, während Erleuchtung wahrhaft weiblich ist, denn sie ruft die Wahrheit im Inneren wach. Der Geist ist eine ausgewogene Präsenz, die weder überwiegend männlich noch überwiegend weiblich ist, sondern beides vereint. Wenn du also die Energie des Feuers über die Engel und an ihrer Spitze Erzengel Michael anrufst, kannst du Erzengel Michael in männlicher oder weiblicher Gestalt rufen, je nachdem in welcher Form du die Eigenschaften dieser Kraft nutzen möchtest. Es wäre besser, Erzengel Michael als weibliche Kraft anzurufen, wenn er dich in die Kunst der Leidenschaft und Sinnlichkeit einführen oder dir die Erleuchtung bringen soll. Es wäre aber passender, Michael als Mann zu rufen, wenn du seine Macht als Krieger oder Beschützer oder als Alchemist oder Magier zu Hilfe rufst. Wenn du das Feuer als eine spirituelle Kraft anrufst, ist es am besten, wenn du dir diesen Engel als androgynes Wesen, das Männlich und Weiblich in vollkommener Weise vereint, vorstellst.

In der Vergangenheit meinten manche Menschen, die mit den Engelkräften gearbeitet haben, es gäbe von jedem Engel eine männliche und eine weibliche Form, wobei das weibliche Gegenstück zu Erzengel Michael Lady Faith sei. Es ist nicht unbedingt notwendig, die Engel auf diese Weise einzuteilen und den männlichen und weiblichen Formen unterschiedliche Namen zu geben, aber wenn dem menschlichen Verstand diese Unterteilung guttut, dann ist das auch in Ordnung. Es ist aber auf jeden Fall angemessen, mit Erzengel Michael sowohl in seiner männlichen als auch in seiner weiblichen Form zu arbeiten. Obwohl es sich um einen männlichen Namen handelt, kann man ihn auch nutzen, wenn man die weibliche Ausdrucksform der Energie Michaels anruft.

Die Polarität und diese Art von Unterteilung einzusetzen heißt, dass du dein Wissen verantwortungsvoll anwendest, um bestimmte Ergebnisse zu erzielen. Darauf zu hoffen, dass Gott dir die Energie der richtigen Polarität schickt, die du in deiner Situation brauchst, ist zwar nicht anmaßend, aber es bedeutet, dass du nicht selbst die Verantwortung für das Wissen und die Macht, die du anwendest, übernimmst. Es ist weit besser, dein Wissen zu nutzen und dynamisch mit den Mechanismen deines Universums umzugehen, statt untätig herumzusitzen und zu hoffen und zu beten, dass Gott alles tun wird, was du dir wünscht. Wachsen kannst du vor allem durch bewusstes Zusammenspiel mit dem Göttlichen und nicht einzig und allein dadurch, dass du dich ihm ergibst. Dich zu ergeben bedeutet nur, dass du deine Macht aufgibst. Deshalb musst du bei solchen Schritten vorsichtig sein, selbst wenn sie in bester Absicht und im Gebet erfolgen.

Was meine eigene Energie betrifft, die Energie, die ermächtigt, die die *weibliche* Kraft sowie Weisheit und Wahrheit fördert, so gibt es Engel, die speziell mit meinem Licht, meiner Kraft und meinem Wesen verbunden sind und die du rufen kannst, um meine Macht auf die Erde zu bringen, um das Weibliche zu stärken, um das Licht der Wahrheit zu entfachen, um die Präsenz der göttlichen Weiblichkeit, der göttlichen Mutter, in allem Leben anzuerkennen. Diese Engel sind die Engel der Sophia. Sie treten als zartrosa Strahlen in Erscheinung, die von weißem Licht erfüllt und von hellem Gelb durchflutet sind, ähnlich den Farben, die man frühmorgens bei Sonnenaufgang oder am Abend bei Sonnenuntergang am Himmel sieht, ganz zarte Schattierungen von Weiß, Rosa und Gelb. Das ist das Licht meiner Engel.

Die Engel der Sophia können dir dabei helfen, einen Raum zu schaffen, in den ich eintreten kann, denn sie sind meine Verkündiger und Vorboten und als solche dafür verantwortlich, die dynamischen Energien an einem Ort neu zu ordnen, damit meine Macht und meine Präsenz stärker zu spüren sind und eine größere Wirkung haben. Meine Macht ist nicht nur für Frauen da, obwohl sie von Frauen sehr wirksam dazu eingesetzt werden kann, sich weiterzuentwickeln, zu stärken und zu wachsen, egal ob es sich dabei um irdische oder spirituelle und göttliche Dinge handelt. Meine Energien können aber auch zu Hilfe gerufen werden, damit sie die weibliche Seite in einem Mann fördern, Eigenschaften wie Sanftheit, Liebe, Kreativität, Inspiration, Sinnlichkeit, Sensibilität und Leidenschaft.

Hier ist also ein kleines Ritual, mit dem du die Engel der Sophia rufen kannst, damit sie dir bei all den Anliegen helfen, die ich genannt habe.

Ritual

Sorge dafür, dass in dem Raum, in dem die Engel der Sophia wirken sollen, Ruhe herrscht. Verbrenne etwas Räucherwerk oder verwende ein Duftöl wie Weihrauch, Rose, Jasmin oder Zitronengras und spiele leise, melodiöse und ruhige Musik. Zünde eine Kerze in Zartrosa, Weiß oder Hellgelb an, die du auf einen kleinen Altar stellst, den du mit einem weißen, rosafarbenen oder zartgelben Tuch dekoriert und mit ein paar Kristallen, die man mit meiner Energie verbindet, wie etwa Rosenquarz, Perle, Selenit, Gips oder Koralle, geschmückt hast. Sprich, nachdem du selbst zur Ruhe gekommen bist, folgendes Gebet:

»Große Sophia, Ausdruck der göttlichen Mutter, Förderin der weiblichen Kraft, Göttin der Weisheit und des Lichts, höre mein Gebet. Schicke die Engel, die dein Leuchten und dein Herz verkörpern, an diesen Ort, damit sie diesen Raum für deine Energie und dein Licht vorbereiten. Mögen sie alle Zweifel, alle Dunkelheit und Angst vertreiben, und diesen Ort dem Lernen, der Wahrheit, dem Frieden, der Sinnlichkeit, der Liebe, der Anmut, der Ehre und dem Wissen weihen. Möge dieser Raum ein Raum sein, in den dein leuchtendes und strahlendes Herz sowie dein Geist eintreten können und all jene, die sich darin befinden, mit deinem Staunen, deiner Schönheit und deiner Anmut erfüllen und sie für die göttliche Weiblichkeit, die in allen vorhanden ist, zugänglich machen.«

Stelle dir in Höhe deines Herzens einen Kelch aus strahlend hellgelbem Licht vor. Der Kelch ist von einem funkelnden, weißen Leuchten erfüllt, das als heiliges Feuer aus ihm heraustritt. Das Feuer dreht und wendet sich und steigt als ein flammender Tornado empor. Dieser flammende Tornado stellt die Heerscharen der Sophia, das Licht der Engel der Sophia dar. Aus diesem flammenden Tornado wirbeln sie hinaus in den Raum, transformieren und reinigen die Energie, erhöhen die Schwingung, erfüllen den Raum mit Licht, bis er durch und durch strahlt und leuchtet. Jetzt halten sie inne und lassen die Energie eine Weile wirken und kehren dann in den wirbelnden Tornado aus Feuer zurück. Der Tornado sinkt langsam in den Kelch hinab, der sich allmählich im wundersamen Licht des Raums auflöst.

Der Raum bleibt in diesem Zustand, einem einladenden Zustand, in den meine Präsenz gerufen werden kann. Du kannst deinen Wunsch äußern, dass meine Energie sich hier für mindestens einen Tag verankert. Es kann auch länger sein, je nachdem wie stark die Absicht hinter deinem Anliegen ist. Wenn du diese Energie kontinuierlich anrufst, dann widmest du diesen Raum meiner Präsenz und die Kraft wird stärker und sich immer längere Zeit verankern.

ENDE DES RITUALS

Jetzt, da die Zeit gekommen ist, in der Männer und Frauen an Macht und Stärke gewinnen und erkennen können, dass das Göttliche nicht überwiegend männlich, sondern genauso auch weiblich ist. Jetzt ist die Zeit gekommen, in der Männer und Frauen ihr Herz öffnen und das weibliche Licht ihrer Seele freisetzen können. Jetzt können sie sich dem nähern, was sie einst waren: eine vollkommene, androgyne Verbindung von Männlich und Weiblich, durch und durch harmonisch und ganz und gar im Gleichgewicht.

Meine Macht kann dir dabei helfen, das zu erreichen. Meine Macht kann dich dabei unterstützen, deine Stärke als Frau oder Mann durch das Weibliche, durch die göttliche Mutter, zu finden. Meine Macht ist der Vorbote für die Rückkehr der Flamme Magdalenas, des weiblichen Christus. Meine Macht ist Teil des Wegs und kann nicht länger unbeachtet bleiben.

Die abschließenden Worte des Segens mögen dich auf deinem Weg begleiten. Möge das sanfte Licht der Morgendämmerung auf dich fallen und dich mit seinen Strahlen segnen. Möge es deine müden und kalten Knochen wärmen und wie ein liebevoller Kuss deine Haut berühren. Möge dein Geist offen für die Wahrheit sein und dein Herz neue Lebenserfahrungen annehmen, möge die Weisheit dich leiten und zu den richtigen Menschen und Orten führen und mögen deine Gedanken immer auf der Suche nach der Wahrheit sein. Denk daran, dass ich bei dir bin – ich, die Mutter der Schöpfung, die Botin der Weisheit und des Lichts, der göttlichen Liebe, des Wissens –, und lasse mich an deiner Seite stehen und dich bei der Suche nach den ewigen Wahrheiten, die dich nach Hause geleiten, führen. So möge es in vollkommener Liebe und vollkommenem Vertrauen geschehen. So sei es. Amen.

Etziekael

Epilog

Dieses Buch ist lebendig. Es ist mit unserer Präsenz, unserem Licht und unserer Liebe erfüllt. Es ist mit unserem Bewusstsein, unserer Wahrheit und unseren Lehren erfüllt und ist ein Geschenk von unserem Reich an deines. Seit dem Anfang der Zeit, seit es die Engel gibt, haben sie nur eine einzige Funktion erfüllt: die Menschheit in ihrer Evolution anzuleiten, zur Einheit mit Gott zu führen. Die Führung erfolgt auf viele verschiedene Arten – durch Lehren und Heilung, Rituale und Zeremonien der Einweihung und Verbindung. Jeder Mensch auf dem Planeten wird geführt und angeleitet, damit sich sein Schicksal erfüllen und er seinen Lebenszweck finden kann.

Es ist egal, ob du intellektuell bist oder es vorziehst, die Wahrheit und das Leben auf einfache Weise kennenzulernen. Es macht nichts, wenn du einige der komplizierteren Philosophien der Engel, die in diesem Buch ihre Wahrheit und ihre Lehren dargelegt haben, nicht verstehst. Es macht nichts, wenn du uns immer nur um einen einfachen Segen, um Führung und Wahrheit bittest. Es zählt nur, dass du anerkennst, dass wir hier sind, dass wir universelle spirituelle Präsenzen sind, dass wir eine Erweiterung des göttlichen Bewusstseins sind und dass du uns rufen kannst, damit wir dein spirituelles Wachstum fördern können.

Für manche sind die Informationen in diesem Buch eine Herausforderung. Es wird sie auf die Probe stellen, sie dazu ermutigen, sich selbst und ihre Welt aus einer bisher ungewohnten Perspektive zu betrachten. Es wird ihr Bild von den Engeln erschüttern und sie werden manche der hier enthaltenen Informationen unangenehm und unwahr finden. Jeder Mensch muss die Verantwortung für seine eigenen Überzeugungen übernehmen. Wenn er eine Wahrheit liest oder hört, die aus einer höheren spirituellen Quelle stammen soll, muss er sie selbst beurteilen und entscheiden, ob er sie zu seiner Wahrheit macht oder nicht. In diesem Buch geht es nicht darum, jemanden zu bekehren. Es geht nicht darum, dir deine Wahrnehmung der Welt zu nehmen und sie durch unsere zu ersetzen. Wir wollen dich an unserem Wissen teilhaben lassen, dir eine andere Perspektive aufzeigen, sodass du über eine weitere potenzielle Wahrheit nachdenken und prüfen kannst, ob sie in dein Weltbild hineinpasst.

Worte sind mächtig, egal ob sie geschrieben oder gesprochen werden. Sie wirken sich oft in irgendeiner Weise auf dich aus, die du nicht verstehst, weil sie dich auf der tieferen, unbewussten Ebene berühren. Wie jeder Mensch besitzt du in deinem Inneren die Fähigkeit, die Wahrheit als solche zu erkennen. Das ist Teil deines göttlichen Erbes, und wenn du diese Worte mit offenem Herzen liest, wirst du die Präsenz des Göttlichen darin spüren und wissen, welche Worte für dich in diesem Augenblick wahr sind, welche Worte du hören und auf welche du reagieren musst.

Dieses Buch soll mit anderen geteilt werden. Es soll weitergegeben und laut gelesen werden. Biete es anderen an, arbeite damit in Gruppen. Im Laufe der Zeit wird es hoffentlich bei vielen Veränderung und Transformation auslösen. Es ist ein Begleiter. Du kannst es immer bei dir haben, es kann dir auf deinem Weg helfen, wenn du dich allein und verwirrt fühlst, wenn du von Dunkelheit umgeben bist und die göttliche Präsenz nicht spüren kannst. Es ist eine Rettungsleine. Es ist ein Leitstern. Es ist der magische Norden auf dem Kompass deiner Seele, etwas, an das du dich wenden kannst, wenn sonst keiner da ist. Es flüstert dir sanft und lieb ins Ohr: »Du bist nicht allein.«

Die größten Geschenke kommen von Herzen. Was sie wertvoll macht, ist nicht von materieller Natur. Sie sind nicht wertvoll, weil andere sie haben möchten. Sie sind wertvoll, weil sie voller Liebe sind. Ob dir das Buch jemand anderer gekauft hat oder du selbst, ob es durch einen seltsamen Zufall in deinen Besitz gelangt ist – durch eine Synchronizität –, ob du es in einer Bibliothek ausgeliehen oder auf der Straße gefunden hast, es wurde dir von den Engeln als ein Geschenk ihrer Liebe übergeben. Es ist zu dir gekommen, weil jetzt die richtige Zeit für dich ist, diese Worte zu hören, mit den Ideen und Wahrheiten, die dir die Engel anbieten, zu arbeiten. Ob es dir sofort bewusst wird oder ob es dir erst allmählich in der Zukunft klar wird: Es ist wichtig, dass du erkennst und weißt, dass dieses Buch so etwas wie unsere Hand ist, die wir in Liebe nach dir ausstrecken. Wir übergeben es dir als ein Geschenk des Lichts und der Wahrheit. Sei offen, wenn du diese Seiten liest. Blättere durch die Rituale und Zeremonien. Lies die Gebete laut und öffne dich dabei der Präsenz der göttlichen Liebe, die in deinen Raum, in dein Heim, in dein Herz eintritt, und denke daran, dass wir in deiner Nähe sind.

Ich bin Etziekael, der Schriftführer der Engel, die Präsenz, die dafür gesorgt hat, dass dieses Buch geschrieben werden konnte. Meine Worte sind die letzten Worte darin und sie segnen dieses Buch und alle, die es lesen.

»Mögen dich das Licht der Liebe und Wahrheit, die Macht der Leidenschaft und Inspiration, das Geschenk Gottes segnen und immer bei dir sein. Möge das Licht dich umgeben und einhüllen, möge dein wahrer Herzenswunsch dir immer den Weg weisen. In vollkommener Liebe und vollkommener Wahrheit segne ich dich.«

Dank

Mein ganz besonderer Dank gilt Carole Humber dafür, dass sie an dieses Buch und an mich geglaubt, meine Arbeit zeitlich koordiniert sowie das Manuskript so sorgfältig überprüft und korrigiert hat. Du bist ein Geschenk des Himmels und ich weiß nicht, was ich ohne dich tun würde.

Des Weiteren danke ich meinem Schüler Kieron Morgan für seine Freundschaft und Unterstützung sowie dafür, dass er meinen Glauben an die Gläubigen wieder gefestigt hat, und Shirley Flint, die die gechannelten Botschaften niedergeschrieben hat.

Ich danke meinen Eltern für ihre unablässige Liebe und dafür, dass sie meine etwas ungewöhnliche Lebensweise akzeptieren und mir dabei helfen, mit beiden Beinen fest auf dem Boden zu stehen. Ich danke meiner Schwester Jane und ihrer Familie sowie meinem Bruder Graham und seiner Familie für ihre Liebe und Unterstützung sowie meinen Vertrauten Rune und Domino, die mir zuhörten und beistanden, als kein anderer dazu bereit war!

Und schließlich danke ich den Engeln und Meistern, der Göttin und Gott, die meine Reise mit Leben erfüllen. Ohne euch wäre mein Dasein wahrlich trüb.

Der Autor

Edwin Courtenay ist Hellseher, Channel und nicht-traditioneller »freifliegender« Wicca, das heißt, er gehört keinem Zirkel an. Er kommuniziert mit der geistigen Welt, seit er vier Jahre alt war, und hat mit sechzehn Jahren begonnen, seine Gabe aktiv zu entwickeln. Am *College of Psychic Studies* in London unterrichtet er, hält Vorträge, bietet Beratungen an, aber er arbeitet auch in ganz Großbritannien und in anderen Ländern. Er hat bereits zwei andere Bücher geschrieben, *Rituale und Gebete der Aufgestiegenen Meister* und *Die Meister erinnern sich - Reflexionen der Aufgestiegenen Meister über ihre Erdenleben.* Außerdem hat er mit Rachael Kelly eine CD mit einer geführten Meditation produziert. Sie heißt *Angel Kiss* und zeigt, wie man sich mit seinem Schutzengel verbindet. Edwin lebt mit seinem Partner Andrew in Newcastle. Aktuelle Informationen über seine Veranstaltungen sowie seine neuesten Botschaften aus der spirituellen Welt findest du auf seiner Webseite *www.edwincourtenay.co.uk* oder du schickst ihm eine E-Mail an: *bluestarofwonder@hotmail.com.*